媒介转型时期网络新闻伦理失范与建构研究

邵 慧 ◎著

吉林大学出版社

·长春·

图书在版编目（CIP）数据

媒介转型时期网络新闻伦理失范与建构研究 / 邵慧著. -- 长春：吉林大学出版社，2022.7
ISBN 978-7-5768-0343-3

Ⅰ.①媒… Ⅱ.①邵… Ⅲ.①互联网络－新闻学－研究 Ⅳ.① G210.7

中国版本图书馆 CIP 数据核字（2022）第 160580 号

书　　名：媒介转型时期网络新闻伦理失范与建构研究
MEIJIE ZHUANXING SHIQI WANGLUO XINWEN LUNLI SHIFAN YU JIANGOU YANJIU

作　　者：邵　慧　著
策划编辑：朱　进
责任编辑：朱　进
责任校对：高珊珊
装帧设计：王　强
出版发行：吉林大学出版社
社　　址：长春市人民大街 4059 号
邮政编码：130021
发行电话：0431-89580028/29/21
网　　址：http : //www.jlup.com.cn
电子邮箱：jdcbs@jlu.edu.cn
印　　刷：三河市龙大印装有限公司
开　　本：787mm×1092mm　1/16
印　　张：11.25
字　　数：155 千字
版　　次：2022 年 7 月第 1 版
印　　次：2022 年 7 月第 1 次
书　　号：ISBN 978-7-5768-0343-3
定　　价：49.00 元

版权所有　翻印必究

摘　要

　　网络技术的飞速发展带来了日新月异的新现象，我国新闻业正在经历着组织结构、从业主体、接受主体以及新闻价值标准这四个维度的转向。新闻的界限遭到冲击，传统新闻的伦理规范遭到了一定的挑战：曾经的规范失效或者被虚置，新的规范却尚未建立，人们往往感到无所适从，有强烈的焦虑。一般情况下，新闻伦理通常是指能够对新闻媒体及其从业者的理念和实践起到约束作用的一系列相互关联的标准体系，包括最为基本的社会伦理、行业实践层面的职业规范和法律层面的法律法规。针对日新月异的网络技术发展和社交媒体实践探索带来的新情况和新问题，本书对现有的网络新闻的伦理规范做出一些补充与强调。

　　本书在借鉴社会学失范理论的基础之上，兼顾了经济学、管理学、伦理学等学科的研究成果，以失范理论为研究进路，由表及里，从现象谈起，通过对现象背后的深层原因进行分析，引出伦理失范现象治理的策略和方案。第一章是绪论，阐明了研究缘起、理论综述、研究思路与方法。第二章介绍了媒介转型的时代背景及其新闻业的发展趋势。第三章是从流量稀缺时代对注意力的争夺、商业主义冲击下晃动的职业身份、智能传播时代新技术的冲击这三个视角描摹网络新闻伦理失范。第四章阐明了网络新闻伦理失范的行为动机，并以博弈论为方法论建构网络新闻媒体或网络新闻从业者与利益提供者之间、媒体或网络新闻从业者自身之间的博弈模型,进一步解释不同主体的失范动机、细察影响失范的因素和形成失范的博弈过程。第五章主要分析了如何建立网络新闻的规范体系：应以政府为主导,调动多方的主体性和主动性,探求多元协作的治理模式。另外,从职业社会学的角度,用边界工作和管辖权的理论重新审视网络新闻的实践,以及网络新闻的伦理规制的建构路径。

关键词：伦理规范；失范；媒介转型；媒介伦理；互联网治理

目 录

第一章 绪 论 1
第一节 研究缘起 1
第二节 文献综述 7
一、伦理与新闻伦理 7
二、失范理论及其在新闻传播学中的具体应用 16
第三节 研究思路与方法 33
一、研究思路 33
二、研究方法与创新点 35

第二章 媒介转型背景下的网络新闻 37
第一节 互联网正在重塑新闻业 37
一、不断提升的时效性：从定时到实时 38
二、层次化的新闻内容：由点及面 39
三、新的传受关系：从单向到互动 41
四、新的信息分发模式：从把关人模式到人工+算法把关模式 43
第二节 媒介转型视角下新闻业的四个转向 46
一、集体转型的传统新闻业 46

二、从"无冕之王"到"新闻民工"：晃动的职业身份 …………… 54
三、从作为群体的被动受众变成作为个体的主动用户 …………… 56
四、互联网冲击和模糊了新闻业的界限 ………………………… 59

第三章 媒介转型背景下网络新闻伦理失范 …………………… 63

第一节 流量稀缺时代对注意力的争夺 ………………………… 65
一、以虚假新闻、反转新闻为代表的内容失范 ………………… 65
二、以标题功能极化为代表的文体失范 ………………………… 68
三、以滥用网络流行语为代表的语言失范 ……………………… 69
四、以图片造假为代表的图片伦理失范 ………………………… 71
五、网络新闻内容的浅薄化、碎片化 …………………………… 71

第二节 商业主义冲击下晃动的职业身份 ……………………… 77
一、被商业主义统合的职业身份 ………………………………… 77
二、职业身份与社交媒体身份的冲突 …………………………… 80
三、网络编辑的自我矮化 ………………………………………… 81

第三节 智能传播时代的技术冲击 ……………………………… 85
一、新闻聚合窃取了传统媒体的成果 …………………………… 85
二、算法无限追逐着用户的需求 ………………………………… 89
三、盈利模式侵犯了用户的隐私 ………………………………… 93

第四章 网络新闻伦理失范的行为动机和行为模型 …………… 103

第一节 网络新闻伦理失范的行为动机 ………………………… 105
一、外部控制：制度性引领 ……………………………………… 105
二、内部约束：价值观失衡 ……………………………………… 111

第二节 博弈论视角下网络新闻伦理失范的行为模型 ………… 118
一、从业者与利益提供者的失范行为模型 ……………………… 119

二、从业者之间的失范行为模型 ·· 121

　　三、从业者与规范的博弈过程 ·· 126

第五章　建构网络新闻伦理的规范体系 ·· 131

第一节　建构多元主体协作的多维治理机制 ·· 131

　　一、政府：宏微并重的法律法规建设 ·· 132

　　二、直属管理机构：常态化柔性约谈 ·· 134

　　三、社交平台：构建用户行为规范体系 ···································· 136

　　四、信息发布主体：明晰权责利，内化新闻职业道德 ············· 137

　　五、受众：提升媒介素养 ·· 139

第二节　职业社会学视域下网络新闻边界的重塑 ·· 142

　　一、专业、管辖权和边界工作 ·· 142

　　二、合界与分界：对《互联网新闻信息服务管理规定》修订内容的审视

　　　··· 145

　　三、维界：网络新闻边界的重塑 ·· 151

参考文献 ·· 155

　　著作 ·· 155

　　期刊论文 ·· 158

　　报纸文章 ·· 164

　　电子文献 ·· 164

　　网站 ·· 169

第一章 绪 论

第一节 研究缘起

互联网尤其是移动互联网的技术发展对新闻业影响深远。大众了解新闻的途径随着媒介转型而不断地变化,载体从报纸和杂志向博客、门户新闻网站、两微一端(微博、微信公众号和新闻客户端)等社交媒体变化。根据《2016年中国网络新媒体用户研究报告》,全中国移动互联网用户的总量大概是8亿,60.8%的移动互联网用户将微信微博等社交媒体作为近三个月中获取新闻资讯的主要方式,同时58.9%的用户将手机新闻客户端作为获取新闻资讯的主要方式。[①]近些年,这些数字仍在不断增长,同时新闻资讯的传播与接受不断出现新的特征。根据2020年12月中国传媒大学新媒体研究院发布的《移动互联网时代下,Z世代人群获取新闻资讯习惯研究报告》显示,社交媒体成为Z世代(1995—2010年出生)人群最常使用的新闻资讯获取渠道,社交成为新闻资讯关注的极强动力,短视频新闻和数据新闻的呈现形式以及个性化推送的传播方式受到青睐,新闻真实的重要性愈加凸显,中午休息、

---

① 艾瑞咨询.2016年中国网络新媒体用户研究报告[EB/OL].艾瑞咨询网站,2016年6月17日.http://www.iresearch.com.cn/report/2602.html.

晚上睡觉前成为新闻资讯消费的高频时间段。①

"新媒体"是一个弹性的名词，在技术不断迭代的语境下变得难以定义，只能说它是一个相对概念，甚至有学者创造出了新新媒介②（New New Media）这是能对大众提供受众细分的个性化内容的媒体，是传播者和接受者形成相对平等的互动方式，并且传受二者角色可互换的媒体，是从下而上消解和消弱了传统媒体话语权优势的媒体。它是相对于报刊、广播、电视等传统媒体以及随后诞生的网络这一新媒体之后不断衍生而来的新的媒体形态，是涵盖现代科技进步和时代变迁带来的新信息的载体。无论是传播内容、传播形式还是传播效率和影响力，每一种媒介较之前相关媒介都实现了不可比拟的飞跃。事实上，没办法预测到哪项技术才会成为更新的媒体的特征。但通常可以从社会作用上来区分辨别：是否被更多的人更为便捷地使用，是否有助于更加公正和公开地传播与讨论，是否有助于人们更好地社交。

新媒体在内容分发、内容聚合和编辑这些环节大大提升了效率，得到了市场的认可；同时依赖 UGC（User Generated Content）、多媒体呈现方式（音视频以及数据可视化）和机器人写稿等技术优势不断丰富新闻的内容生态。尽管从 2014 年 10 月开始一类资质新闻网站正式聘用的专职采编人员可以申领记者证，从新闻生产链的下游名正言顺地走向上游，和传统意义上新闻媒体的记者拥有同样的采访权，进行原创内容的生产。但更大比例的新闻网站从业人员并不具备这一权限，只能转载、编辑整合传统媒体的新闻内容。各大新媒体平台不断拓展新闻实践的方式，试图进行原创新闻生产，如企鹅号、头条号、百家号、UC 号、一家号、大鱼号等。比如，微信公众号在 2016 年全面开放"原

---

① 新媒体研究院．新媒体研究院发布《移动互联网时代下，Z 世代人群获取新闻资讯习惯研究报告》[EB/OL]．中国传媒大学白杨网，2020 年 12 月 28 日．http：//www.cuc.edu.cn/2020/1225/c1761a177430/page.htm.

② [美] 保罗·莱文森．新新媒介（第二版）[M]．何道宽，译．上海：复旦大学出版社，2014：序．

创"功能，可以标记原创生命的内容包括独立创作的文章，获得独家授权的内容、图片或视频（全部原创）。不同媒体平台通过以下三步来进行商业变现：首先，建立起原创平台以吸引自媒体的主动"投怀送抱"；其次，通过算法来使得自媒体生产的原创内容匹配用户的兴趣；最后，针对用户偏好，精准投放广告，最终实现商业变现。反观常规意义上的传统媒体，其核心价值在于原创新闻的生产。和新媒体主要依赖已有内容聚合不同，传统媒体目前处于已经被拉长的新闻生产链的上游，主要进行新闻原创，通过"记者在现场"来体现其重大公共责任。[①]传统媒体的编辑部主要由记者与编辑组成，编辑部与经营部之间设有"防火墙"，秉持"利益冲突回避"原则。

从某种意义上来说，新旧媒体都存在着迫切的转型需求。传统媒体在内容载体、传播渠道、内容生态方面都在努力向新媒体靠拢，积极寻求融合转型。而新媒体在内容方面有待发展整合，需要更多追求传统新闻的专业主义原则，在维护公共利益的同时提升品牌影响力。

每一次转型都是创新的开始。美籍奥地利经济学家熊彼特（Joseph A. Schumpeter）认为，每一次大规模的创新都淘汰旧的技术和生产体系，并建立起新的生产体系。熊彼特最著名的创造性破坏[②]（Creative Destruction）观点认为，当景气循环到谷底的同时，也是某些企业家不得不考虑退出市场或是另一些企业家必须要"创新"以求生存的时候。

互联网对各行各业的重塑整合可以说是创造性毁灭的过程，这个过程会非常辉煌，也非常痛苦，最后的结果可能是难以预想的。[③]许多在

[①]胡舒立. 媒体转型易与难 // 腾讯集团市场与公关部媒体中心. 转合：移动互联网时代媒体访谈录 [M]. 北京：人民邮电出版社，2017：i.

[②]"创造性破坏"是资本主义的本质性事实，重要的问题是研究资本主义如何创造并进而破坏经济结构，而这种结构的创造和破坏主要不是通过价格竞争而是依靠创新竞争实现的。

[③]胡舒立. 2014 世界互联网大会"新媒体新生态"分论坛演讲实录：新媒体与防火墙 [EB/OL]. 阿里云，2015 年 3 月 6 日. https：//www.aliyun.com/zixun/content/2_6_1635605.html.

传统媒体时代或许并不会吸引太多人目光的新闻失范行为，在如今的社会环境下却很容易就被放到显微镜下观察。在品牌公信力尚未建立之时，就暴露在舆论的高度显微镜之下，这对于网络新闻可说是雪上加霜。

  不可否认，技术的变革形塑了用户新的新闻阅读习惯和偏好。据皮尤研究中心（Pew Research Center）的报告[①]显示，美国人在电视和在线新闻之间的消费差距正在缩小，从电视、网络电视或有线电视上频繁获取新闻的美国人所占比例已经下降，而经常从新闻网站、应用程序或社交媒体上获得新闻的美国人所占比例已经增长。如下图所示，截至2017年8月，43%的美国人经常在网上获得新闻，仅比在电视上获得新闻的所占比重低7个百分点，而两个平台之间的差距在2016年初为19个百分点。2016年的在线新闻协会大会（Online News Association Conference）发布总结了十大重要发现[②]，其中五条与用户的阅读习惯相关：在线阅读新闻成为最大趋势、移动终端成为数字新闻首选设备、社交媒体已成重要新闻源、注重互动提高新闻通知频率、"被动"阅读新闻成广泛现象。另外，十大重要发现中还包括社交媒体新闻源相对不受信任、社交媒体新闻读者很少参与交流、数字新闻环境中"新闻倾向"更加明显、候选人社交媒体账号成大选"传声筒"。

---

① Kristen Bialik, Katerina Eva Matsa. Key trends in social and digital news media [EB/OL]. Pew Research Center. October 4, 2017. http://www.pewresearch.org/fact-tank/2017/10/04/key-trends-in-social-and-digital-news-media/.

② Katerina Eva Matsa, Kristine Lu. 10 facts about the changing digital news landscape [EB/OL]. Pew Research Center. September 14, 2016. http://www.pewresearch.org/fact-tank/2016/09/14/facts-about-the-changing-digital-news-landscape/.

Gap between television and online news consumption narrows from 2016

% of U.S. adults who often get news on each platform

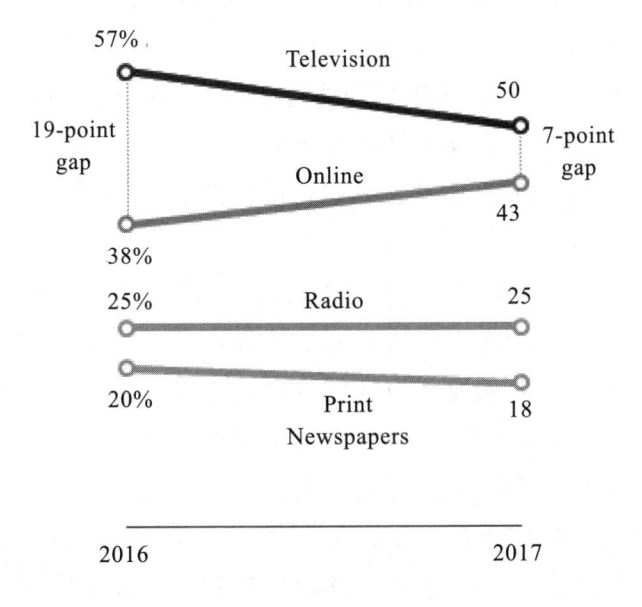

- Television: 57% (2016) → 50 (2017), 19-point gap → 7-point gap
- Online: 38% (2016) → 43 (2017)
- Radio: 25% (2016) → 25 (2017)
- Print Newspapers: 20% (2016) → 18 (2017)

Survey conducted Aug. 8-21, 2017.
PEW RESEARCH CENTER

图1 美国人在电视和在线新闻之间的消费差距正在缩小

诚然，我国与美国的媒介体制与环境生态存在很大的差异，但我国新闻业也呈现出部分相似的乱象。在媒介转型与变革期的我国新闻业，呈现出更具矛盾张力的复杂现象。面对媒介转型带来的各种变化和趋势，如新闻生产去门槛化、内容碎片化、信息冗余化、过度商业化等等……技术给传媒行业带来了良性的变革与发展，同时也为新闻伦理带来了很大的挑战。很多混乱无序的问题在脑海中盘旋：在技术迭代的漩涡中，新闻业迷失了什么，用户有什么样的变化吗？乱象丛生的新闻实践背后的内在矛盾和源动力在哪里？是媒介转型时期特有的现象吗？它们的产生是否有规律性特点？职业规范可以帮助缓解吗？新闻从业者共同体有什么对策吗？

在笔者博士就读学校的校名英文翻译中，师范对应的英文单词是normal。笔者一度曾经十分好奇为什么翻译为normal university，而不是teachers university或者university for education。查询了各种资料，了解到将师范大学翻译为normal university并非是我国独有的奇特现象。早在1794年建校的法国高等师范学校，创建者意图将其打造成培养教育和知识的楷模的发源地。normal可被理解为标准和规范，形容人时则可被理解为模范，暗合了我国古语中关于"师范"二字的拆解，"德高为师，身正为范"。在这样的启发之下，本人开始寻求媒介转型时期网络新闻的"范"。网络技术的飞速发展带来了日新月异的新现象，新闻的各种界限遭到冲击，传统新闻的伦理规范遭到了一定的挑战。但新闻的本质并没有随着实践形式的变迁而改变，许多基本的原则仍在发挥着重要的作用。什么是要尊重与坚守的传统，哪些是要与时俱进的更替？在这个媒介转型的时间点上，也许从伦理学切入这些问题似乎可以追踪到上述问题的答案，关于职业伦理规范的命题才是失范现象和状态的核心问题。基于对互联网的观察，本人将选题确定为用失范理论去考察转型时期的网络新闻伦理，关注其实践与失范现象，探究其成因和治理机制。

第二节 文献综述

文献综述主要包括两部分内容：伦理与新闻伦理、失范理论及其在新闻传播学中的具体应用。

一、伦理与新闻伦理

我国古籍中就有对职业伦理的记载。《孙子兵法》中，"将者，智、信、仁、勇、严也。"所谓将领，一定要做到足智多谋、赏罚分明、爱护部属、勇敢果断、军纪严明。这五点是兵书中对将者的最高要求。《论语·子路》中也有强调官员的道德修养与表率作用的表达："其身正，不令而行，其身不正，虽令不从。"意为要先治己而后才能治人，首先要自己做到廉洁自律才能如此要求别人。明太医龚廷贤在《万病回春》中提出了"医家十要"，如存仁心、通儒道、通脉理、识病原、知运气、明经络、知药性、会炮制、莫嫉妒、勿重礼。[①]十条具体的行医道德规范，部分内容虽然在现如今的医疗条件之下不太适用，但对医德的恪守与坚持在现代社会仍具有普适意义。这部分内容将从伦理的概念说起，引出新闻伦理规范的重要性和抉择模式、基本原则。

（一）伦理的概念

潘光旦先生曾说，凡是有"仑"作公分母的意义都相通，"共同表示的是条理，类别，秩序的一番意思。"[②]"厚人伦者，伦理也。"在

[①] [明] 龚廷贤.龚廷贤医学全书：万病回春[M].古典医籍编辑部，编.北京：中国中医药出版社，1999：461-462.
[②] 潘光旦.说伦字[J].社会研究//转引自：费孝通.乡土中国[M].北京：生活·读书·新知三联书店，1985：25.

古汉语中，伦理通常是指人际关系规范的原则。古人所谓君臣、父子、兄弟、夫妇、朋友五种人伦关系，就是五种人际关系的言行准则。费孝通先生曾用"差序格局"来解释儒家的"伦"，他将石头投入水中荡漾起的一个个圈圈比作自己与社会关系之间的关系，亲属关系越亲的就越处于水波纹的中心处，关系越远的就处于水波纹的远处。相应的，推动不同圈层的力也是不一样的。在日常的口头表述中，伦理常和道德一起连用或者混用，如伦理道德、职业道德或职业伦理等。与古语中的"人伦关系"不同，在英文中，伦理（ethics）具有道德的含义。道德（moral）来源于拉丁文moralis，原义为风俗、习惯、品行、性格等。古今中外对道德有很多版本的阐释，有学者对其归纳总结后提出：道德归根到底是由人们的经济条件所决定的，是评价人们的思想和行为的善与恶，光荣与耻辱，公正与偏私的感觉、观念、原则和规范的总和，它依靠社会舆论、社会习俗和人们内心信念的力量，保证人们对它的遵守。"道德是一种社会现象，属于社会的上层建筑。人不能离开群体而孤立地一个人在社会中，其行动必须顾及别人或自己所属群体的利益，否则就会引起纠纷或冲突。"[1]马克思曾经将对于精神上的自律理解为人类道德最基础的部分。（道德）它是一种社会规范、行为模式和价值观念，旨在惩恶扬善。[2]作者认为，道德是后天习得的合乎整个社会生活的行为规范和准则，调节个体之间以及个体与社会之间的相互关系，从而形成一定的社会秩序，影响社会风气。伦理是关于道德的科学，是对道德的反思和再考察。伦理是有关是否"正当"的标准，是关于普遍意义上的对与错，更加地具有社会性。道德是有关是否"善"的标准，是境界性（每个人的道德标准是不一样的）的好与坏、善与恶，更加具有内在客体性。事实上，伦理、道德不分，

---

[1] 章志光. 心理学 [M]. 北京：人民教育出版社，2002：137.
[2] [美] 埃德加·博登海默. 法理学——法律哲学与方法 [M]. 张智仁，译. 上海：上海人民出版社，1992：334.

就是忽视了"社会"的存在。①（参见下表）

表1 伦理与道德的辨析

伦理	非功利性	普遍性	对与错	正当	社会性、客观、外在
道德	功利性	境界性	好与坏、善与恶	善	个体性、主观、内在

（二）新闻伦理的重要性和抉择模式

近代我国报人提出了一些具有借鉴意义的新闻伦理思想，对现当代的新闻职业伦理建设影响深远。我国早期的报刊政论家王韬在《论日报渐行于中土》一文中说："顾秉笔之人，不可不慎加遴选。其间或非通才，未免识小而遗大，然犹其细焉者也；至其挟私evgl人，自快其忿，则品斯下矣，士君子当摈之而不齿。"②公私分明是从事新闻工作的人应该具备的基本品德。民国初期著名记者邵飘萍先生在其著作《实际应用新闻学》一书中，提到的记者理想人格，如侠义、勇敢、诚实、勤勉、忍耐、威武不能屈、富贵不能淫，等等，是中国封建社会士大夫典型的道德品质在新闻道德中的具体表述。

"传媒伦理是关系到传媒业健康发展的关键领域，传媒伦理建设多年来也一直是业界的重点。"③新闻伦理规范是一种理想追求。"铁肩担道义，妙手著文章"早已成为人们耳熟能详的关于新闻从业者的信仰和理念。这根源于"达则兼济天下"的士大夫精神，永无止境地鼓舞和激励着一代又一代的新闻人。新闻伦理规范是一种现实困境。新闻理想听上去掷地有声，施行起来却如西西弗斯推石上山。倘若没有从

---

① 倪愫襄.伦理学导论[M].武汉：武汉大学出版社，2002：7.
② 陈桂兰.新闻职业道德教程[M].上海：复旦大学出版社，1997：69.
③ 严三九，刘峰.试论新媒体时代的传媒伦理失范现象、原因和对策[J].新闻记者，2014（3）：25.

业主体对于自我的不断要求和鞭笞，职业道德便成为了空谈。但也正由于坚持新闻理想如同一场困兽斗，那些遵守新闻伦理的模范人物才能在困难的搏斗中苦守了诗意的栖息，留名青史，熠熠发光。新闻伦理规范又是一种必然选择。只有当一个职业共同体的所有成员通过自我约束，集体巩固和获取到某个职业领域的专业性，建立起名誉和声望，所在职业才能持续长久地运行下去。

美国新闻学家赫尔顿就认为新闻伦理问题是新闻领域里面最重要，最难以捉摸，且最具普遍性的问题，并且将其比喻为"从业者行进过程中永远无法回避的一堵墙"。[①]当这道墙出现时，具体应该如何做出抉择，做出选择的过程是怎么样的？下文引入一种道德推理模式：波特图式和博克模式。

道德推理模式作为研究方法主要用于对新闻实践中的案例分析。所谓道德推理是指运用已有的道德概念和道德认识，对道德现象进行分析、评价、推断和选择的心理过程。也就是说，对新闻伦理的道德推理就是运用已知的职业伦理道德，对新闻传播实践中遇到的道德困境进行抉择的心理过程。内在化的过程很难客观形象地呈现出来，有一种"道可道，非常道"的憋屈之意。

美国学者菲利普·帕特森（Philip Patterson）和李·威尔金斯（Lee Wilkins）在《媒介伦理学：问题与案例》（Media Ethics: Issues and Cases）中介绍了一种道德推理模式：博克模式。博克模式是美国哲学家西塞拉·博克（Sissela Bok）提出的，她一直关注包括新闻从业者在内的职场人士面临的伦理抉择。博克模式对伦理问题分三步进行分析：一是问问自己的良心，行为是否正确或者应该；二是问专家是否有其他方法达到目标而不造成伦理问题，这里的专家可以是身边信赖的人，也可以是已故的哲人；三是假设进行公开的讨论：我的行为将怎样影

[①] 方艳梅，杨润忠. 新闻媒体伦理失范原因及规避策略 [J]. 中国报业，2014（8）：82.

响他人。[①]这个三步法不失为一种日常可用的伦理抉择方法。

波特图式（The Potter Box Model of Reasoning）是美国哈佛神学院拉尔夫·波特（Ralph Potter）设计的，是一种分析人们做出道德判断和行动的过程的模式。这个过程有四个步骤：定义，即对实践或情景的事实的认识；价值，即当事人的价值观；原则，即当事人处理事情的原则；忠诚，即当事人所选择忠诚的对象。这一模式最初被提出时主要是用于伦理学分析，判断一个人面对道德困境时所做的决定是基于什么价值观或者何种原则。[②]后来，美国新闻学者克利福德·G. 克里斯蒂安将该模式引入到新闻伦理学，对有争议的新闻实践案例进行伦理分析。"波特图式提出的四个维度，可以指导媒体从业者和媒体专业学生形成规范的伦理，让他们避免陷入理念危机或混乱。"[③]其图式如下：

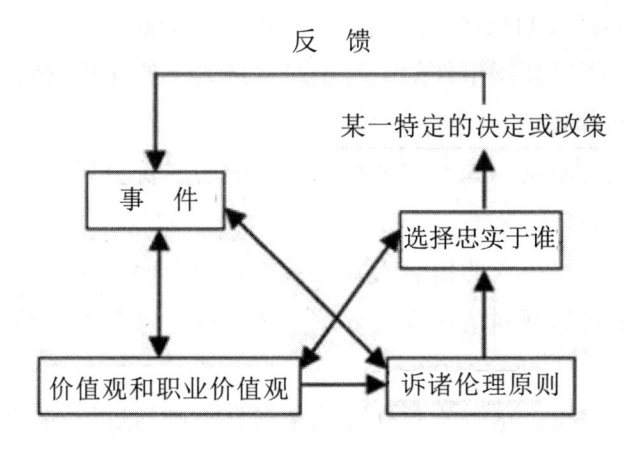

图2　波特推理图式

[①] [美]菲利普·帕特森，李·威尔金斯. 媒介伦理学：问题与案例[M]. 李青藜，译. 北京：中国人民大学出版社，2006：4.

[②] 高学巍. 波特图式视域中的新闻伦理冲突研究[D]. 保定：河北大学，2008：5.

[③] [美]克利福德·G. 克里斯琴斯，马克·法克勒，凯西·布里坦·理查森，佩吉·J. 克里谢尔，小罗伯特·H. 伍兹. 媒介伦理：案例与道德推理（第九版）[M]. 孙有中，郭石磊，范雪竹，译. 北京：中国人民大学出版社，2014：6.

波特图式是一种社会伦理模式，在这个循环的整体中，通过定义、价值、原则、忠诚四个步骤的选择寻找社会行为的道德答案，其中选择效忠对象是最重要的一步，正义的行为选择往往直到这里才出现。[①]

在新闻伦理的应用研究中，博克模式没有波特图式的影响力那么大，但是在现实生活的道德推理中，博克模式显然更简便易行。新闻实践案例的具体分析并不是主要的内容，但在新闻实践中充满了模棱两可的情景和相互冲突的小众对象。研究需要对新闻实践中的伦理问题做出推理、选择和回答。因此，波特图式和博克模式在道德推理中的运用，对于本研究而言是两种有效的辅助研究法。

有学者曾以国际国内关于"斯诺登泄密事件"报道所引发的伦理分歧，探索分歧的核心之处及其背后所依据的伦理标准[②]：

1. 报道是否以预期的结果作为新闻伦理决策的依据，或者以社会大众所能得到的最大回报作为新闻报道伦理决策的底线。

2. 报道是否以新闻事件的某种绝对意愿之下的义务规则为基础做出新闻伦理判断和推论。

3. 报道是否以某一国家或者组织之间的契约价值观为基础做出新闻伦理推论与决策。

4. 报道是否以个人的信念为基础做出新闻伦理论证。

5. 报道是否以新闻情境权变之下的多元伦理融合为基础建构论证体系。

从本质上来说，这些伦理标准就是根据不同的价值观，诉诸相应的伦理原则，选择忠于谁这样的一种抉择过程。

---

①② [美] 克利福德·G.克里斯蒂安，马克·法克勒，金·B.罗特佐尔，凯西·布里顿·麦基.媒介公正：道德伦理问题真的不证自明吗？[M].蔡文美，等译.北京：华夏出版社，2000：3-8.

② 胡华涛.中西新闻伦理推论模式的对比研究：从"斯诺登事件"的伦理纷争说起[J].国际新闻界，2014（2）：150-163.

(三)新闻伦理的规范体系

一般意义上来说,新闻伦理会被理解为行业规范和新闻法律法规,前者是自律性的职业规范,后者是他律性的法律规范。本书认为,新闻伦理是能够对新闻媒体及其从业者的理念和实践起到约束作用的一系列相互关联的标准体系,包括最为基本的社会伦理、行业实践层面的职业规范和法律层面的法律法规。

如下图所示新闻伦理的规范体系的内核是社会伦理,也就是公序良德,即人们在普遍意义上对正当性的判断。这是职业规范和法律规范的基础,也是对外层的职业规范和法律规范的价值取向的指导。而居于中间层的新闻职业规范是新闻业和传媒内部对新闻的价值规范的操作化的规定,是对新闻媒体及其从业者的职业行为进行具体的指导和约束。最外层的法律规范是在社会伦理和职业规范的基础上,对新闻媒体及其从业者新闻实践活动进行最底限的法律约束。

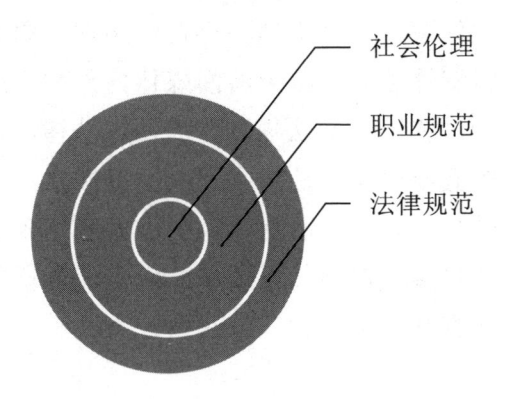

图3 新闻伦理的规范体系

三者的共同点在于,都是约束人们行为的规范,目的都是为了保障新闻传播工作有序展开,保障公众的利益。恩格斯曾从生产、分配和交换规则的角度,描绘了这样的一副场景:在社会这个概念还处于萌芽阶段的期间,人们逐渐意识到了对于产品的生产、分配和交换的需求。然而这种需求在缺少规范的条件下难以得到满足,于是逐渐形成了某种共同习惯性的共同规则,并强调所有人的共同服从。这种共同规则慢慢演化为法律。①新闻法规正是为了规范新闻工作者的行为而设立的规范准则。新闻职业道德是从业者在长期的新闻传播实践中逐步形成的有关职业行为规范的共识，通常是一种内化的自我约束机制，但也常以准则或信条的方式展现，并在职业共同体的训练和实践中不断传承与发扬。

而三者也有很明显的区别：

从表现形式来看，一般法律法规有三种形式：成文法、判例法和条文法。不管是哪种形式的法规，都是以明文规定的禁止性规定来约束和规制从业者的行为，并由相关机构对违法者施行处罚。而新闻职业道德是无形的，主要内化于从业者的职业观念之中，外化于从业者的职业实践之上。正如前文所说，新闻职业道德通常是以准则或信条的方式呈现出来的，但究其根本终究是内化的自我约束。

从强制性来看，法律规范的强制性最强，是新闻业以外的国家力量对新闻业的强制性约束。社会伦理不存在强制性，职业规范有一定的强制性，但这种强制性主要局限于新闻媒体内部和新闻业，而不是由国家力量进行强制。我国新闻法规涵盖宪法、法律、行政法规、行政规章、地方性法规五个层次，是由国家或地方性立法机构制定的具有强制效力的规范性文件。新闻职业道德的准则和信条通常由学会、协会或研究会等行业自律、培训、评估和学术交流性质的机构制定。两者在行为规范方面都具有强制力，但在执行力度和标准上呈现了极大的差异。

从规范的内化性来看，社会伦理和职业规范的内化性最强，新闻媒体及其从业者的职业行为若要符合新闻的价值规范的要求，就必须让公序良俗和职业道德内化到他们的职业行为当中。而新闻的法律规

---

① 马克思，恩格斯. 马克思恩格斯选集（第2卷）[M]. 北京：人民出版社，1972：538-539.

范的内化性最弱，新闻媒体及其从业者在新闻实践活动中要满足法律规范的要求，这并不是要求价值规范内化到他们的职业行为当中，只是要求在国家强制力量下做到不违法。新闻职业规范的内化性介于社会伦理和法律规范之间，新闻媒体及其从业者的职业行为应符合基本的机制规范，但有时是在新闻媒体或新闻业内部的压力下做到不失范，而不是社会伦理内化后的自觉行为。

（四）新闻伦理的基本原则

被新闻从业者奉为经典的《新闻的十大基本原则》一书中提出了合格的新闻工作者所应具备的最基本的个人品质，也就是书中总结出的新闻的十大基本原则：

1. 新闻工作首先要对真实负责；
2. 新闻工作首先要忠于公民；
3. 新闻工作的实质是用核实进行约束；
4. 新闻工作者必须独立于报道对象；
5. 新闻工作者必须成为独立的权力监督者；
6. 新闻媒体必须成为公众评论和妥协的论坛和广场；
7. 新闻工作者必须让重大事件变得有趣并与受众息息相关；
8. 新闻工作者应该使新闻全面均衡；
9. 新闻工作者有责任按良心行事；
10. 公民对新闻也享有权利和承担义务。

这些规范理论（Normative Theory）并不是逻辑思辨的结果，而是通过大量的调查与访谈，对新闻工作者共识的描述；它用研究实然世界的经验方法，完成了对应然原则的建构，也就是说，这些原则不是客观的法则（law），而是新闻工作者们约定俗成的行业规则（rules）。[①]

[①] 刘海龙. 新闻的十大基本原则：新闻从业者须知和公众的期待[M]. 北京：北京大学出版社，2011：序.

克里福德·克里斯蒂安教授曾指出，在理论传统和技术现实的基础上，媒介伦理中的热点议题主要包括社会公正、真实、非暴力与人格尊严。[①]郭镇之认为，公正和真实主要指新闻客观性的专业主义理想；而非暴力和人格尊严则涉及新闻人的良知与媒体自我约束的准则。[②]

有学者整理了来自全球的134篇新闻伦理规范并提取出每条规范对应的媒体伦理原则，通过数量统计获知全球媒体伦理规范中提及率比较高的共通性伦理原则。[③]占比最多的前五条共同伦理原则分别是：保护信息来源、保护隐私、更正、准确、明确新闻界限。

新闻伦理是能够对新闻媒体及其从业者的理念和实践起到约束作用的一系列相互关联的标准体系，包括最为基本的社会伦理、行业实践层面的职业规范和法律层面的法律法规。针对日新月异的网络技术发展和社交媒体实践探索带来的新情况和新问题，现有的网络新闻的伦理规范有待做出一些补充与修订。

二、失范理论及其在新闻传播学中的具体应用

社会学中被美国社会学家塔尔科特·帕森斯（Talcott Parsons）认为的"失范"是"真正的社会学概念"[④]，"失范"理论为当下的新闻业中的各种现象提供了新的理论进路。目前新媒体不断升级，对人类社会的干预也呈现爆炸式的升级。面对这个全新的媒体平台，面对整个传媒环境的转换，各种媒介道德事件也相应地展现出与传统媒体时代完全两样的面貌。在这样的冲击下，传媒伦理的研究及其治理方式

---

① [美]克里福德·克里斯蒂安.媒介伦理研究——热点议题与研究方法//郭镇之.全球传媒评论[M].北京：清华大学出版社.2012：33-44.

② 郭镇之.公民参与时代的新闻专业主义与媒体伦理：中国的问题[J].国际新闻界，2014（6）：8-9.

③ 牛静.全球媒体伦理规范译评[M].北京：社会科学文献出版社，2018：488.

④ Talcott Parsons. In International Encyclopedia of the Social Sciences（Vol.4）[M]. New York：Macmillian. 1968：316.

也应该得到相应的改进和创新。①

在中国知网中以"失范"为关键词进行检索，得到了1963年至今的12156条相关文献的搜索结果（截至2017年8月31日）。1963年—1988年期间每年均有一篇相关文献，之后整体呈逐年快速增长的趋势，到2015年已经破千篇。这些相关文献主要分布在40个学科和研究领域中，其中高等教育有2311篇、新闻与传播有1214篇、行政学有811篇、伦理学有606篇、思想政治教育有598篇。在新闻与传播学科以"失范"为主题的研究始于1996年。（参见下图）

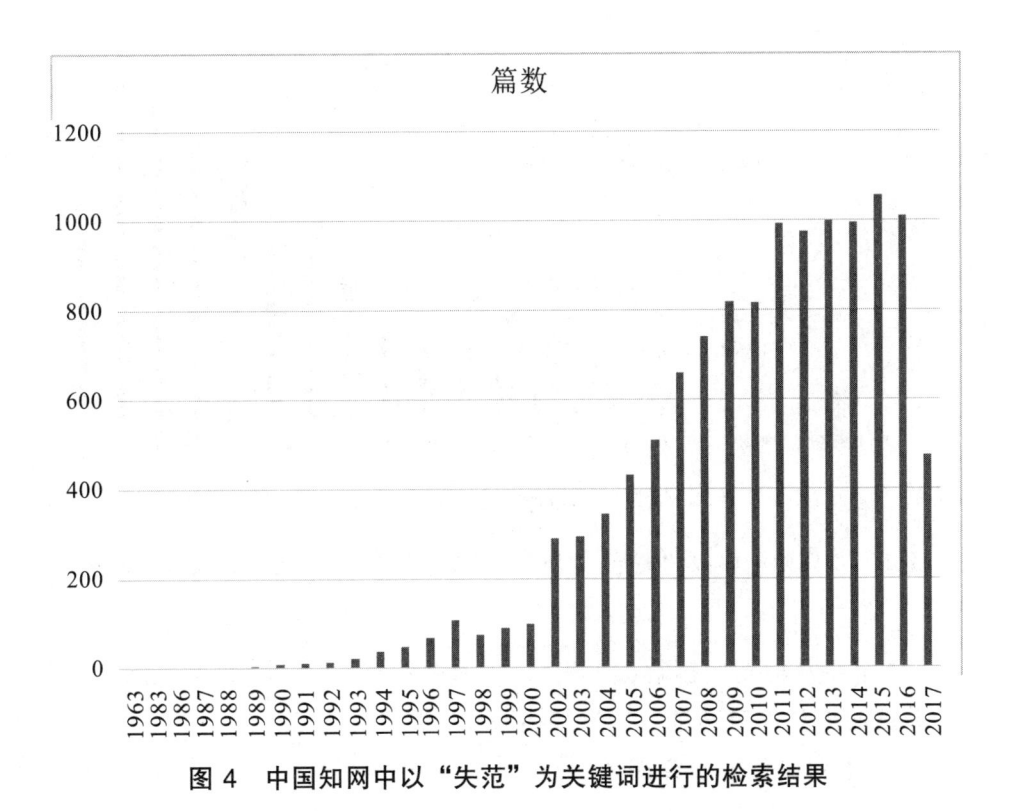

图4 中国知网中以"失范"为关键词进行的检索结果

---

①严三九，刘峰.试论新媒体时代的传媒伦理失范现象、原因和对策[J].新闻记者，2014（3）：25.

以"失范"+"新闻"为关键词进行检索,得到734条结果,其中与新闻与传播相关的有647条。以"失范"+"媒介"为关键词进行检索,得到734条结果,其中与新闻与传播相关的有243条。如下图所示,很明显从2012年起,伴随着新媒体技术的不断迭代,新闻业中的失范现象不断增多,对失范的研究也相应增多。

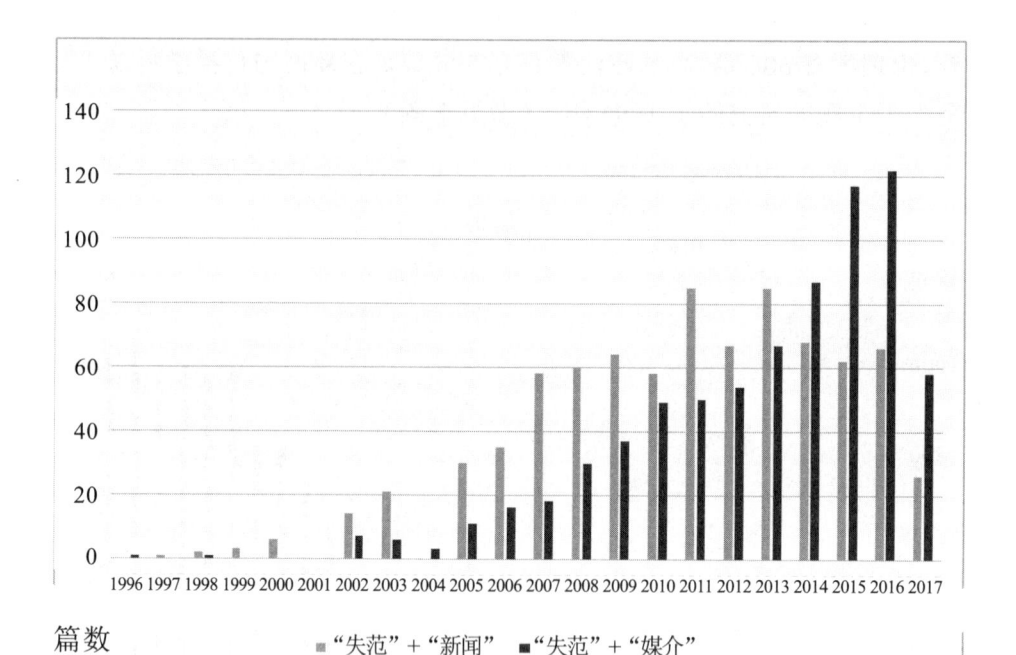

图5 中国知网中以"失范""新闻""失范""媒介"为关键词进行检索

本节将从标题中拆解出"失范""新闻伦理""规范""互联网治理"等关键词,分别对其进行文献综述。

(一)对失范的研究综述

社会学中的"失范"(anomie),一直在理论体系中缺乏明确的定位,但却被美国著名社会学家塔尔科特·帕森斯(Talcott Parsons)定义为极少数真正意义上的社会学概念之一(one of the few truly sociological concepts），但一直在理论体系中缺乏明确的定位。[①]词根"a-"是带有否定意义的前缀，表示"不，无，非"，词根"nom"表示"法则、标准"等含义。究其根源，anomie可以一直上溯到希腊文的anomois，该词亦可被分解为"an"和"hormoies"，有着"非人"（inhumanness）、"不敬"（impiety）和"不义"（injustice）的意思，或者有差异和混乱的意思。[②]许多学者指出，a-nomos的用法是极为多样的，它在古希腊哲学、宗教学、社会学以及心理学的不同领域内有着不同的蕴涵，诸如 godlessness, sin, sacrilege, normative breakdown 和 individual derangement 等涵义，以至于它的"本义"完全消失了。[③]

在16世纪的神学中，"失范"（anomie或anomy）指的是对于规则的侵犯，特别是对于神明的亵渎；而在19世纪，怀特海德（A.Whitehead）进一步促成了anomie（anomy或anomia）在学术甚至于政治范围内的大规模运用和传播。而来自法国的埃米尔·涂尔干（Emile Durkheim）因其知名社会学家的身份，其对于anomie的研究使得社会学中也出现了"失范"的痕迹。[④]

1. 居友关于失范的理论

涂尔干将失范概念引入到社会学研究中时，提到了另外一位法国哲学家让-马利·居友（Jean Marie Guyau），认为居友在其著作《未来的无宗教》中使用了失范的概念。[⑤]

居友认为，anomie是一种有创造力的新生力量，是对陈腐观念的一种挑战，并不是邪恶的，也不是当代社会中的一种病态，而是具有某

[①] Talcott Parsons. In International Encyclopedia of the Social Sciences (Vol.4) [M]. New York: MacMillan. 1968:316.
[②] 渠敬东. 涂尔干的遗产——现代社会及其可能性 [J]. 社会学研究，1999（1）：31.
[③] 同上。
[④] 渠敬东. 缺席与断裂：有关失范的社会学研究 [M]. 上海：上海人民出版社，1999：82.
[⑤] 周俊. 新闻失范论 [M]. 北京：人民日报出版社，2014：10.

种好的性质。①当许多社会思想家在思考如何重建被工业社会所破坏了的社会秩序时，居友把失范看作是新世纪的挑战，他认为：现代社会中的人们不再依赖于宗教上的忠诚或者是相信某些超验的真理，相反，他们开始从他们生命内部即自身去寻找目的。②失范就是消除一切外在规则的过程，在这个过程中，个体逐步自治，不再受外在规则的控制，从而获得一种个人主导的自由境界。③在居友看来，失范具有正功能，是伦理学进步的必然表现，是对凝固的、虚幻的传统宗教、传统伦理的一种背叛，本质上是一种个人自由的解放。失范充当了一种新生事物的作用，具有思想解放的含义，是对僵死观念的一种有创造力的挑战。④这与后来的研究者们将失范当作一个贬义性的概念是大相径庭的，涂尔干从居友的早期作品中汲取了营养，发展了自己的失范概念。

2. 涂尔干关于失范的理论

涂尔干在居友对失范的理论建构的基础上，提出了与其相反的观点，即失范具有负功能。在1893年的《社会分工论》的序言中，涂尔干明确地提到了他对居友的失范概念以及他的道德观念的不同理解。失范也是一种道德，而不仅仅是一种否定，表面上是对现有规则的违反或破坏过程，但实际上是这种规则本身的瓦解，是消除对道德符号的顺从。⑤在涂尔干看来，失范的本质特征即是它所惯常采取的反社会姿态，它完全是社会整合的病态征兆。⑥他认为，失范是罪恶的，首要的原因是"社会因失范而受苦，我们无法生活在一个没有凝聚力，没有规则的社会中。

---

① 周俊. 新闻失范论[M]. 北京：人民日报出版社，2014：10.
② 朱力. 变迁之痛：转型期的社会失范研究[M]. 北京：社会科学文献出版社，2006：17.
③ 周俊. 新闻失范论[M]. 北京：人民日报出版社，2014：10.
④ 朱力. 变迁之痛：转型期的社会失范研究[M]. 北京：社会科学文献出版社，2006：15-18.
⑤ 周俊. 新闻失范论[M]. 北京：人民日报出版社，2014：10.
⑥ 渠敬东. 缺席与断裂：有关失范的社会学研究[M]. 上海：上海人民出版社，1999：12.

道德的或者是司法的规则，他们首先要表达的是社会的需要"①。

《社会分工论》认为，失范是指由于道德、法律等集体意识系统缺失对于社会生活有效的调节和控制，由此带来各种各样的冲突和混乱状态。②他在《自杀论》中将自杀分为三类，其中一类被称为失范性自杀（anomie suicide），这是因人类行动缺失规范以及由此引起的痛苦而造成的失控。③在社会改组的情况下，原来社会中用以整合社会的集体意识和道德规范标准被破坏了，而新的标准又不能立即建立，此时，社会缺乏明确的社会集体意识和规范，从而陷入混乱无序的失范状态。④在涂尔干看来，本质特征是一种反社会的形态，是社会整合的病态征兆，是工业社会中被想象为一种恶的文化目标。

3. 默顿关于失范的理论

美国社会学家罗伯特·默顿（Robert King Merton）在梳理前人学者有关失范的研究后，认为失范的分析不能仅仅还原为纯粹的集体意识问题，而应该着重讨论社会结构和文化结构之间的中介因素或互动过程，并把个体行动的构成过程确定为社会分析的基本元素，用来考察偏差行为生成的机制。⑤在《社会结构和失范》（1938）和《社会结构和失范理论中的连续性》（1949）这两篇论文中，默顿进一步阐发涂尔干的理论同时又修正了他的观点。默顿认为，所谓失范理论就是在

---

① [法]埃米尔·涂尔干. 社会分工论[M]. 渠东, 译. 北京：三联·读书·新知三联书店，2000：17.

② [法]埃米尔·涂尔干. 社会分工论[M]. 渠东, 译. 北京：三联·读书·新知三联书店，2000：175-176.

③ [法]埃米尔·涂尔干. 自杀论[M]. 钟旭辉, 等, 译. 杭州：浙江人民出版社，1988：217-218.

④ [法]埃米尔·涂尔干. 自杀论[M]. 钟旭辉, 等, 译. 杭州：浙江人民出版社，1988：211.

⑤ 渠敬东. 缺席与断裂：有关失范的社会学研究[M]. 上海：上海人民出版社，1999：40.

文化结构和社会结构之间搭建起来的，它所产生的社会作用也不只局限在单个系统之内，不仅仅与个体的心理因素有关，同样对失范现象的解释还应该涉及到社会的其他领域，也就是说，失范问题实际上是一个总体问题。[①]

默顿在《Anomie、Anomia 以及社会互动》中试图将原来的失范理论在宏观和微观的两个向度上发展。他在对 Anomie 和 Anomia 这两个概念的划分上体现了这两种取向。Anomia 将失范分析划定在个体具体行为的层面上，是心理学意义上的个体特征，也是与他人相互参照的情况下的相对状态。[②]相比而言，Anomie 则更注重强调整个社会的结构环境和宏观背景，力图在结构层面上对行为的普遍规范和标准做出正功能或负功能的解释。[③]默顿对失范进行不同层面的理解，即结构层面的失范和行为层面的失范，从方法论角度来说是一种理论突破。

在默顿看来，文化目标和制度手段之间的矛盾会形成一种"断裂或紧张状态"，为缓解这种紧张，人们便会以创新、仪式主义、退却主义和反抗的方式表现出越轨行为。根据社会成员在处理文化目标与制度化手段之间关系时所采用的不同方式，默顿提出了下表中的五种个体适应模式类型，其中后四种都属于失范行为类型。[④]

[①] 渠敬东. 缺席与断裂：有关失范的社会学研究 [M]. 上海：上海人民出版社，1999：85.

[②] 渠敬东. 缺席与断裂：有关失范的社会学研究 [M]. 上海：上海人民出版社，1999：51-52.

[③] 渠敬东. 缺席与断裂：有关失范的社会学研究 [M]. 上海：上海人民出版社，1999：52.

[④] [美] 罗伯特·K.默顿. 社会理论和社会结构 [M]. 唐少杰，译. 南京：译林出版社，2008：233-234.

表 2　默顿的五种个体适应类型

适应类型	文化目标	制度化的做法
I. 遵从（Conformity）	＋	＋
II. 创新（Innovation）	＋	－
III. 仪式主义（Ritualism）	－	＋
IV. 退却主义（Retreatism）	－	－
V. 反抗（Rebellion）	±	±

（＋代表"接受"，—代表"拒斥"，±代表"对流行价值的拒斥及用新价值替换"）

第一种适应类型是对文化目标和制度化手段的遵从，社会的连续性和稳定性是通过社会成员的遵从行为模式而得以维持。在社会稳定的状态下，遵从的适应类型是最常见和分布最广的。而第五种反抗类型是最不常见的，拒绝文化目标和制度化手段的人并不属于社会，只能在虚构意义上被算作社会成员。

在文化上对成功目标的极大强调通过使用"不合法但技术上效率高的手段"来获得文化目标的达成，这就是第二种适应类型——创新。当部分社会成员背离规范标准而更容易成功地实现目标时，就可能会给社会系统中本来较不易受到冲击的其他个体创造出一个更易产生失范的环境，同时消解了制度规范对系统中其他个体的合法性，扩大了系统中的失范程度。[1] 第三种仪式主义的适应类型，将巨大的金钱成

---

[1] [美]罗伯特·K.默顿.社会理论和社会结构[M].唐少杰，译.南京：译林出版社，2008：279.

功和迅速的社会升迁这种崇高的文化目标放弃或是降低到个人志向能够得到满足的位置，在这过程中社会成员几乎是被迫地遵从着制度规范。那些遵从制度性规则的仪式主义者深深地沉浸于规范中，以至于变成了科层制爱好者,他们过分地遵从就是因为过去曾违反过规范（即第二种适应类型）而产生了负疚感。①第四种适应类型的人，他们放弃文化规定的目标,其行为与制度规范也不一致。他们头脑中根深蒂固的、要求采取合乎制度的手段的道德义务与逼迫诉诸违法手段（能实现目标）的压力发生了冲突，社会成员无法找到既合法又有效的手段，最终导致他"逃避"社会的要求。

默顿认为，失范的根源在于文化结构和社会结构的功能失调造成了文化目标和制度手段之间的失衡状态，人们在具体行动中无法使两种结构所规定的目标和手段相互协调，从而产生了各种偏差行为。②也就是说，文化规范着目标，社会结构形成了达成这些目标的手段，当社会成员追逐多元化的文化目标，使用"不合法但技术上效率高的手段"或者得不到制度化的手段时，文化目标和制度手段之间会出现不平衡状态。当达成目标摆脱了制度性装饰，把文化目标夸张化而产生了手段的非道德化（即手段的非制度化）时，人们在情感上便不再赞同规则，丧失了对规范本身的情感支持，在这个过程中文化目标和制度化手段并未能有效整合起来。③同涂尔干不同的是，默顿认为失范不仅仅是一种反常状态，还应该是社会中应有的一种状态，是在实现社会文化目标时手段上的匮乏。

---

① [美] 罗伯特·K.默顿.社会理论和社会结构[M].唐少杰,译.南京:译林出版社，2008：245.

② 渠敬东.缺席与断裂：有关失范的社会学研究[M].上海：上海人民出版社，1999：51.

③ [美] 罗伯特·K.默顿.社会理论和社会结构[M].唐少杰,译.南京:译林出版社，2008：228.

4. 国内学者关于失范的理论

近年来,国内学者中有关失范研究的代表性专著主要有三部。渠敬东的《缺席与断裂:有关失范的社会学研究》①,在综述了西方学者关于失范理论研究的基础上,立足哲学社会学的视角,从意义的缺席、关系的断裂、缺席的变迁三个方面,对失范理论进行了社会学的思考,十分有理论深度。在他的观点里,失范是现代社会所经历的一场实实在在的危机,是社会转变的信号,在一切旧有的道德基础土崩瓦解的情境下,在集体意识的土壤中生长起来的"精神共同体"也失去了生存之本。朱力在《变迁之痛:转型时期的社会失范研究》②一书中,对政治、经济、社会等领域之中的失范现象进行了深入研究。对失范现象包含的类型、显示的特征、实行的手段、运用的策略以及具体的机制都在书中进行了探讨。作者通过对转型前后的不同社会控制模式进行平行对比,分析了我国独有的隐蔽性社会安排中有利于产生失范现象的条件,叙述了失范机制具体如何产生的逻辑链条。在书中作者指出,失范的矫治机制需要一定程度的规范与创新,而一个合理的社会结构则是建立失范矫治机制的必须前提。高兆明的《社会失范论》③,从道德哲学的角度论述了道德失范的内涵及制度供给的意义:缺乏对于制度供给的深刻认识,则无法对于晚发国家的现代化进程中的某些重要问题,比如秩序失范与重建的机制形成的正确认知和看法。

5. 对媒介伦理的研究综述

(1) 对媒介伦理起源与概念的相关研究,如它的定义、逻辑起点、所属范畴、具体准则等。李鹏涛认为,学者们重点研究了传媒伦理的基本理论、实践中的问题与冲突,以及提高传媒伦理建设水平的措施

---

① 渠敬东. 缺席与断裂:有关失范的社会学研究 [M]. 上海:上海人民出版社,1999.

② 朱力. 变迁之痛:转型期的社会失范研究 [M]. 北京:社会科学文献出版社,2006.

③ 参见高兆明. 社会失范论 [M]. 南京:江苏人民出版社,2000.

等问题，少数学者就媒介伦理的功能、媒介伦理与和谐社会建构、媒介伦理的研究历史作了尝试性的探讨，但较之医学伦理等其他分支伦理学的研究，媒介伦理学的研究依然处于起步阶段，还存在诸多的研究空白。①江作苏、李理认为，媒介伦理的未来依赖于成熟的能够被社会总体意识到的媒介伦理体系，应建立"传播即伦理"观念的社会意义，着眼于从社群主义媒介伦理的视角来考察与新闻相关的行为现象。②牛静认为，建构全球媒介伦理需要回应世界主义与民族主义之间的冲突，消解这种冲突的方法是建构最低限度的全球媒介伦理，以及保障最低限度全球媒介伦理准则的道德优先性。③

（2）从具体环境展开的研究，尤其以当下的媒介环境为重点，从具体的传播内容或者事件来看媒介伦理。《新闻记者》期刊继2001年开始成立"年度假新闻研究课题组"评选出"年度十大假新闻"后，又成立"年度传媒伦理研究课题组"每年出一份"十大传媒伦理问题研究报告"。目前新闻伦理已有的研究包括了多个不同的方向：新闻、广告、网络、大众传播等。通过对于行为主体、涉及环节等方面进行区别对待、划分等级，最终将前述各个分支领域纳入传播伦理之中。

笔者还统计了上述文章中出现的热门关键词，如图6所示。这一类论文主要是从新闻事件或新闻实践的失范现象出发，探讨失范的原因，并进一步寻求对策。这些现象一般包括虚假新闻谣言传播、有偿新闻、低俗暴力等内容、新闻炒作、不实广告等明显违背新闻伦理和职业道德规范的失范行为。如冯韶丹、陈晨、黄楚新等人将反转新闻背后的

---

①李鹏涛.改革开放以来我国媒介伦理的研究及其反思[J].伦理学研究，2007(05)：82-88.

②江作苏,李理.媒介伦理理论体系的逻辑起点、道德原则及职业实践[J].学术交流，2017（8）：174-180.

③牛静.世界主义、民族主义与全球媒介伦理的建构[J].新闻与传播研究，2016，23（08）：29-40+126.

失范归因于新闻的权威性与真实性面临挑战、受众媒介素养有待提高、新闻法律法规缺失带来的失范成本低等。[①]熊壮、贺碧霄从失范理论的角度切入探讨社会转型时期我国传媒人职业规范的严重缺失这一现实问题。[②]严三九、刘峰探析新媒体伦理缺失的成因和应对策略，并呼吁媒体从业者加强传媒伦理建设。[③]李子超和胡翼青认为，危机事件频发和媒体伦理争议不断的根源不在于新闻从业人员缺乏职业道德或者素质差，而应当看到其背后是社交化媒体给市场化报纸带来的危机。[④]

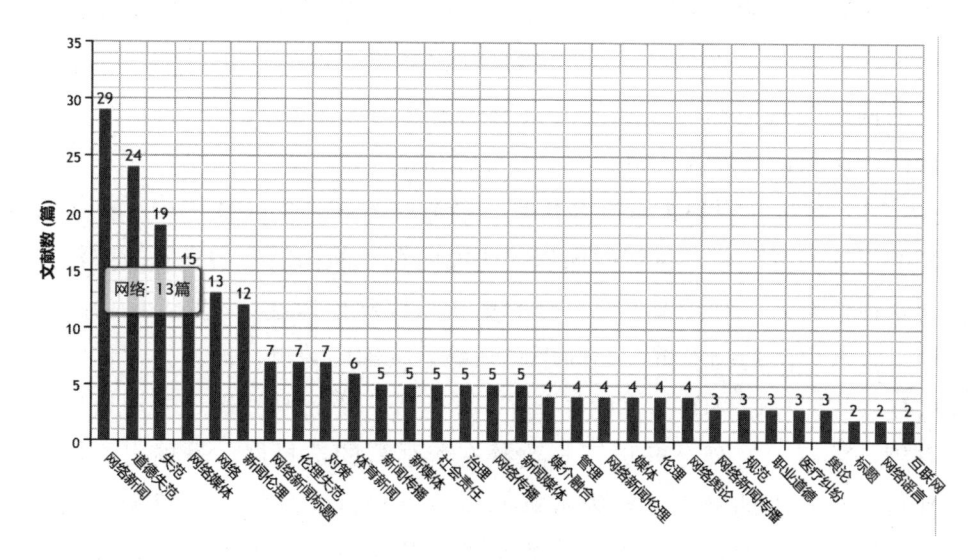

图 6　和媒介伦理相关的热门研究关键词

[①] 参见冯韶丹. 反转新闻背后的新闻失范困境研究 [J]. 新闻与写作，2016（12）：98-100；陈晨. 浅谈新闻"反转剧"中的媒体失范 [J]. 新闻研究导刊，2016（8）：78；黄楚新，王丹. 逆转新闻的成因及应对策略——从媒介素养的视角分析 [J]. 新闻与写作，2015（10）：25-28.

[②] 熊壮，贺碧霄. 失范视角下的社会转型时期新闻人员的职业规范 [J]. 新闻记者，2012（10）：71-76.

[③] 严三九，刘峰. 试论新媒体时代的传媒伦理失范现象、原因和对策 [J]. 新闻记者，2014（3）：25-29.

[④] 李子超，胡翼青. 关于 2015 年系列新闻伦理争议的冷思考 [J]. 新闻界，2015（20）：33-37.

具体操作层面的规范研究有比较强的时代性和对现实问题的针对性。从20世纪80年代开始，主要集中于文体规范。90年代以后，在消息来源的使用与保护方面主要讨论的是匿名消息来源问题。1995年到2004年，在中国电视新闻尤其是电视新闻舆论监督蓬勃发展的这十年间，有偿新闻、暗访、偷拍曝光带来的问题与规范的研究比较集中。随着门户网站的蓬勃发展，对标题党、娱乐至死、公众人物隐私、医疗纠纷等问题的关注有了显著提高，对图片影像等载体的伦理问题的关注也逐渐增多。近几年，对媒介融合、可穿戴设备、数据新闻、虚拟现实等较为新颖的技术形式都有过比较集中的关注。另外，灾难报道的问题与规范在时段上与大灾发生的年份紧密相关，但有一定的滞后性，这和论文发表的流程有一定的关系。

（3）从不同视角来看媒介伦理，新兴技术和新闻实践带来了更多新鲜的伦理失范现象，对新闻伦理的研究面也不断拓展。潘祥辉从政治社会学视角切入，对我国主要报纸的更正与致歉行为进行考察，经研究发现：报纸出于功利考量，倾向于向强势公权部门致歉，向权力"认错"，即使很多时候媒体并非真的做错了。[1]此外，更正与致歉还表现出内外有别的特征：对外公开更正与致歉有着强烈的选择性，呈现出"仪式性自我批评"的特点；对内致歉乃至对上检讨才是常态。随着实践的探索和研究的深入，越来越多的实操环节将更多地进入研究领域，受到更多学者的关注。

目前新媒体不断升级，对人类社会的干预也呈现爆炸式的升级。面对这个全新的媒体平台，面对整个传媒环境的转换，各种媒介道德事件也相应地展现出与传统媒体时代完全两样的面貌。传媒伦理的研究方式在这样的冲击之下已经显得落后，相应地，全新治理方式的必要

---

[1] 潘祥辉."我们错了"：中国式媒介更正与致歉的政治社会学考察[J].传播与社会学刊（香港），2015（33）：49-83.

性也日趋增加。①在我国社会转型时期,记者不仅仅是"道德人"或"经济人",而是同时具有这两种属性的"理性人",其寻租行为主要包括:免费看节目看比赛和免费旅游,赶场拿"红包"、被采访者/单位提供招待。②周俊通过博弈建模和求均衡解,对不同场景的记者寻租行为进行分析,发现监管场景与寻租生成、报道场景与寻租频发、行业场景与寻租扩散的机制,并提出遏制记者寻租行为的微观路径和宏观设想。③其中,博弈论视角下对失范行为的博弈过程进行建模,给本书第五章带来了启发。

(4)对不同国家的媒介伦理相关实践与情况的研究,有探讨全球媒体伦理规范的共通准则和区域性准则的,也有针对具体的国际传播事件展开的。

牛静认为,建构一个基于世界主义伦理为理论基础的,以本体论伦理、契约伦理、美德伦理为研究路径的全球媒体伦理原则是可实现的,但一定程度上来说是一种乌托邦式的努力。④彭增军为当下媒介伦理社会化提出的药方是"李普曼和杜威的结合","一方面,需要调整改进已有的媒介伦理,坚守原则,发扬光大;另一方面,坚持社会伦理重构过程的开放性,鼓励全民的广泛参与,从象牙塔走向社会,在实践中不断反思、不断总结,逐步形成一套人人为我、我为人人的社会媒介伦理。"⑤

---

①严三九,刘峰.试论新媒体时代的传媒伦理失范现象、原因和对策[J].新闻记者,2014(3):25.

②周俊,刘晓阳,徐仲超,梁鑫.记者寻租的博弈论分析[J].国际新闻界,2017(3):114-127.

③同上。

④牛静.建构全球媒体伦理:可实现的愿景抑或乌托邦?[J].国际新闻界,2015(7):134-146.

⑤彭增军.从把关人到公民新闻:媒介伦理的社会化[J].新闻记者,2017(4):51-55.

美国新闻学家赫尔顿说过："在新闻领域里面，没有哪个问题比新闻伦理问题更重要，更难以捉摸，更带有普遍性了。新闻伦理是新闻从业者行进过程中永远无法回避的一堵墙"。①新闻伦理是业内适应新闻活动特点而形成的要求自己"应当如何"的自律规范，以及公众认为该业在新闻活动中"应当如何"的观念和舆论约束。②丁伯铨认为，我国新闻伦理方面当前最突出的问题是违背真实性原则、错误理解传媒功能、经济利益置于公共利益之上、社会伦理和新闻伦理的潜在矛盾。③

转型时期中的社会失范含有两方面的意义。其一，它表示在一个过去足够长的时期之中，某种曾经对社会产生了积极调整作用的社会价值规范体系失去了被广泛承认的合理性，而一个全新的社会价值规范体系正在孕育着准备取而代之；其二，这种社会失范根源来自于一种新的生活方式取代了旧的资源配置方式，造成了新的社会价值规范取代了旧的社会价值规范。对规范的研究方面，陈绚认为改革开放以来的30余年，在新闻职业人的反思和政府管理部门的管制下中国开始形成了一些记者职业伦理，另外新闻行业组织也出台了新闻职业伦理规范，但简单的新闻伦理条文宣示还不能与新闻伦理规范体系建立相提并论。④

2015年，中国政法大学传播法研究中心牵头成立的《媒体人新闻业务守则》编写组出版了《媒体人新闻业务守则》⑤。守则旨在推动准法律或准自律性的规范的诞生，改善我国媒体内容规范管理模式中以他律性为主导的现实状况。2017年，牛静对收集、翻译的79个国家、

---

①方艳梅，杨润忠. 新闻媒体伦理失范原因及规避策略 [J]. 中国报业，2014（8）：82.

②丁伯铨，陈月飞. 对新闻伦理问题的几点探究 [J]. 新闻传播. 2008（10）：4.

③丁伯铨，陈月飞. 对新闻伦理问题的几点探究 [J]. 新闻传播，2008（10）：4-6.

④陈绚. 论如何建立中国新闻伦理规范体系 [J]. 山西大学学报（哲学社会科学版），2014（11）：63-71.

⑤《媒体人新闻业务守则》编写组. 媒体人新闻业务守则 [M]. 北京：中国政法大学出版社，2015.

地区的134篇媒体伦理规范进行内容分析，提取出每一条规范对应的媒体伦理原则，通过数量统计获知全球媒体伦理规范中提及率比较高的通用性的和具有特殊性的伦理原则。①

6. 关于相似概念的写作说明

最后，需要特别说明的是，本书写作开始时有几个疑问盘旋在脑海中："网络新闻"或者"互联网新闻"这两个概念有什么区别？本书应该选择哪个概念指向相关的研究对象？在这样的疑问驱动之下，在中国知网（CNKI）分别用"网络新闻"与"互联网新闻"进行搜索，发现了一些有意思的数据和现象。

从数量上来看，以"互联网新闻"为关键词的发文量首次出现于1995年（一篇），次年发文量达到9篇，之后便逐年缓慢小幅度增长，在2017年突破1000。而以"网络新闻"为关键词的发文量首次出现于1985年，也是在1995年开始其数量增长才渐有起色；除了在2000—2005年之间出现小幅度下降外，一直都处于稳健的增长姿态。

从主题域来看，以"互联网新闻"为关键词的发文主要围绕三个方面：（1）理工科专业的技术类论文倾向于使用"互联网新闻"，比如计算机专业[②]、地理专业[③]、图书馆情报专业[④]等。（2）与新媒体新闻实践或业界相关联。比如业界从业者写作的论文[⑤]以及他人对其的采访或

---

①牛静，刘丹.全球媒体伦理规范的共通准则和区域性准则——基于134篇媒体伦理规范文本的分析[J].新闻记者，2017（10）：4-15.
②参见程葳，龙志祎.面向互联网新闻的在线话题检测算法[J].计算机工程，2009（18）：28-30.
③参见王波，甄峰.城市实体特征对城市网络空间影响力的作用机制——基于互联网新闻媒体的分析[J].地理科学，2017（8）：1127-1134.
④参见姚占雷，许鑫.互联网新闻报道中的突发事件识别研究[J].现代图书情报技术，2011（4）：52-57.
⑤参见字秀春.目前我国的互联网新闻缺什么——寻找互联网新闻编辑新的突破口[J].中国编辑，2008（2）：51-54.

研究[①]。（3）与机构、政策相关的专有名词。比如，国务院新闻办公室主任赵启正在中国互联网新闻中心挂牌仪式上的讲话[②]；国家网信办发布的《互联网新闻信息服务管理规定》[③]，涉及该规定的内容都是使用"互联网新闻"；另外，涉及互联网新闻信息其他政策或管理制度[④]，也较多使用该词。

网络新闻从字面上解读就是以网络为载体的新闻，也意味着突破了传统的新闻概念，以及时性、互动性和多媒体化等特点，给受众带来全方位的多感官的体验。和网络新闻研究相关的学科中，包括了新闻传播学、教育学、法学、图书馆和情报学、计算科学与技术学和信息与通信工程学。在教育学中，主要研究议题集中在信息技术和网络技术为专业教学带来的改革。在法学领域中，网络新闻传播的新型实践为法律带来挑战，如在法学概念的界定上、在相应的法律法规的出台和规范上等。在计算机专业领域，主要集中在新兴技术，如语义文本采集、数据分析、热点话题发现、新闻搜索聚合与推荐系统等。在新闻传播领域中，则呈现出更丰富立体的研究状态。

综上所述，本书为行文统一，除专有名词或特定表述外，研究的主体将在后续表述中统一为"网络新闻"。

---

① 参见张志安，刘虹岑. 不要瞧不起互联网新闻的短平快——专访搜狐新闻总监助理王晨 [J]. 新闻界，2014（6）：2-12.

② 参见赵启正. 愿中国互联网新闻中心成为一个强大的网站 [J]. 对外大传播，2000（12）：刊首页.

③ 参见王四新. 许可与自由：《互联网新闻信息服务管理规定》核心概念解读 [J]. 现代传播（中国传媒大学学报），2017（9）：130-135.

④ 参见武志勇，赵蓓红. 二十年来的中国互联网新闻政策变迁 [J]. 现代传播（中国传媒大学学报），2016（2）：134-139. 张文祥，周妍. 对20年来我国互联网新闻信息管理制度的考察 [J]. 新闻记者，2014（4）：37-46.

第三节 研究思路与方法

一、研究思路

转型社会中的我国新闻业的变化也促使新闻传播研究突破以往的"政治为用,新闻为体"的研究模式,开始不断寻求新的理论框架,社会学、经济学、政治学、信息技术学、心理学等学科的研究方法逐步出现在新闻传播领域的研究论文中。本书在借鉴社会学失范理论的基础之上,兼顾了经济学、管理学、伦理学等学科的研究成果,以失范理论为研究进路,对媒介转型时期的网络新闻伦理失范现象进行探究,并试图探究其失范现象背后的行为动机和行为模型,最后引出伦理失范现象的治理对策,也就是建构多元主体协作的规范体系。

在中文当中"新闻"可以代表两层含义,而在英文中则相应地由不同的词语来对应:一个是 news,代表具体发生的消息和事件;另一个是 journalism,包含理念、操守和生产技巧。本书中的"新闻"不单单是指新闻文本(news),如标题、文体、图片、语言等各种符号文本,更包括新闻媒体及其从业者在新闻实践(journalism)中的新闻理念与职业操守。本书标题中的网络新闻伦理失范,可以将其理解为不仅仅关照媒介转型时期网络媒体及网络新闻从业者在实践层面的伦理失范,更意欲将新兴的媒介组织的运行模式和内部结构的伦理失范纳入其中。

伦理在我国传统文化中一般是指人伦,也就是人际关系规范的原则。在职业社会学中则指代职业伦理,也就是工作关系规范的原则。失范的"范"是指什么?简言之是指规范。何为规范?通常而言,规范是社会上所有人共同遵守的,详细界定在哪些情况下,哪些行为方式属于可接受范围的规则;同时,这种规则必须是合理的、真实存在的。

在本书中，估且将法律法规和职业道德纳入规范的范畴。而在当社会情况不稳，处于剧烈变化的期间，则上述范畴不再适用；某个时间段内，社会可能会呈现出明显的混乱无序，而单个个体则由于缺少社会规范而陷入茫然，显得缺乏指导和约束。随着集体意识转变和社会结构转型，"秩序遭到了破坏，行为规范失去了效力，整个社会凸显了病态的征兆"[①]。换言之，现实规范在某些情况下未必能够适应社会进一步发展的需要，而在建立起全新的现实规范来替代旧有规范的过程中，往往存在着一种理想的规范。因此，在媒介转型带来"创造性破坏"的背景下，新闻伦理的失范也要从两方面考虑：一是现行的不合理的新闻准则，二是尚未建立起来的理想的新闻准则。当旧有的新闻准则因不适应社会发展需要规范失效或者被虚置，而新的规范却尚未建立起来时，新闻实践实际上是处于不可控的状态，局部的失范行为又会引发更大范围和程度上对于新闻准则的分解与破坏。因此，这种反常的新闻伦理失范行为正是本书所要关注的重点。而关注的意义在于，进一步强化已失效或者被虚置的现行规范，或者建立起新的规范彻底颠覆旧有的规范。

本书在梳理和分析职业伦理与失范理论范畴的基础上，同时借鉴了其他相关学科的理论，从传播者、传播内容、渠道媒介三个方面对网络新闻伦理失范现象进行梳理与解读，考察网络新闻伦理失范现象和状态的运行模式，并在博弈论视角下探求在新闻传播实践中多方走向伦理失范的行为动机。因此，本书是由表及里，从现象谈起，深入到现象背后的深层原因，并最后深入到探求治理的策略和方案。

本书的内容大致可以分为五个部分。

第一部分的内容，首先阐明了研究缘起，我国新闻业处于媒介转型期，呈现出诸多的发展与变革，在提高信息传播效率、丰富内容呈现

[①] 渠敬东. 缺席与断裂：有关失范的社会学研究[M]. 上海：上海人民出版社，1999：32-35.

形式与手段的同时也渐渐出现一些具有矛盾张力的复杂情况。现象背后有诸多学术问题值得追问，问题在哪、有什么样的特征、如何生成的、怎样缓解与规避、如何积极建构对策……其次，对伦理与新闻伦理、失范理论及其在新闻传播学中的具体应用这两部分内容进行了文献综述，从伦理的概念说起，引出新闻伦理规范的重要性和抉择模式、基本原则；同时，重点梳理了国外学者居友、涂尔干、默顿以及国内学者关于失范的理论阐释。

第二部分的内容，从宏观角度描摹媒介转型背景下的网络新闻。技术的变迁为新闻实践拓展了更多的可能性，时效性的提升、主题性和层次化的新闻内容、即时互动的传受关系、新把关人模式的信息分发。同时，媒介转型视角下我国新闻业呈现出四个维度的转向：组织结构、从业主体、接受主体（受众）以及新闻价值标准。

第三部分的内容，从微观的新闻实践层面提炼了媒介转型背景下网络新闻伦理失范的现象与特征。

第四部分的内容与第三部分内容紧密相关，由表及里地阐释了网络新闻伦理失范的行为动机，并从博弈论视角尝试建构网络新闻伦理失范的行为模型。

基于此，第五部分的内容重点突出建构网络新闻伦理的规范体系。建构规范网络新闻伦理是网络新闻高质量有序发展的迫切需求，需要发挥政府主导作用从宏 - 中 - 微系统推进多元主体协同共治，明晰政府、直属管理部门、平台、从业者、受众的权力和职责，以法律法规为基准，以公共利益为取向地促进多元主体良性互动。另外，从职业社会学视角厘清网络新闻的边界、探求网络新闻边界的重塑。

二、研究方法与创新点

本书主要采用的研究方法包括：

1. 个案研究法：结合相关理论对新闻媒体与新闻从业者有关的伦理失范案例进行分析，来考察网络新闻伦理失范现象的产生过程。由于案例大多比较新，且与新兴技术紧密相关，因此很多个案来自于网站和社交媒体。

2. 案例分析法：波特图式和博克模式这两种分析推理模式，展示了对新闻传播实践中有可能涉及伦理失范的现象进行分析、评价、推断和选择的内在化过程，主要应用于对新闻传播实践中的案例分析。

3. 博弈论建模法：借鉴纳什均衡、演化博弈均衡建立研究模型。在短期的、单次的博弈中，借鉴纳什均衡提供了可能出现的结果的参考。在动态的博弈中，当存在多个纳什均衡时，演化博弈均衡来解释机制的形成过程。

本书主要有以下创新点：

1. 将"经济人"假设、贴现率引入对伦理失范现象的分析中，并用博弈论的思路剖析了新闻失范行为的动因，建构伦理失范的多方的行为模型；

2. 提出多元主体协作的互联网治理模式，并将"边界工作"的视角引入其中。

第二章 媒介转型背景下的网络新闻

本章从互联网给新闻业带来的深刻变化说起,论述了我国新闻业正在经历着媒介融合带来的多维度变革。在这样的阶段,曾经的规范失效或者被虚置,新的规范却尚未建立,人们往往感到无所适从,有强烈的焦虑。特定的新闻传播环境催生特定的新闻职业伦理的产生与发展路径。在很长一段时间内,媒体转型都是谈到中国媒体发展所必谈的话题,对媒体融合进行研究,无疑是对于新闻职业伦理转型开展研究的前提条件。

第一节 互联网正在重塑新闻业

互联网是人类文明史上继蒸汽技术革命和电力技术革命之后科技领域里的又一次重大飞跃。新闻的实践活动伴随着互联网技术的发展而不断延伸与拓展,相比于传统媒体给用户带来了比较全面立体的使用体验。这些新变化主要体现在:新闻的时效性大大地增强,从延时到实时,改变了用户对新闻的时间观;主动地把新闻"推"(push)给用户,而不是像以往那样需要用户去"拉"(pull);网络新闻的形式不断刺激用户的视觉、听觉,带来全新的感受;可以聚合某一类别的新闻,对用户进行主题性推送……并非在宣扬"技术决定论",但网络新闻已不仅仅是将传统新闻业务"搬到"网络平台上,而是在传统新闻业的汲汲供养下,不断生长出自己的特征,不断地丰富着新闻实践的生态。

一、不断提升的时效性:从定时到实时

从1994年我国全面介入互联网起,网络新闻不过有十多年的发展历程。在网络新闻的诞生早期,基本上是作为传统新闻媒体的网络延伸,可以说在一定程度上,内容、版面等完全照搬传统新闻媒体。传统媒体的时间观影响着网络新闻的早期发展的"定时"观。1995年,我国第一家上网媒体《神州学人》杂志是以发送电子邮件的方式推送电子周刊的。1999年大多数媒体都已上网,但都是采用每天更新的方式。在1999年《人民日报》网络版将以往每天一次的定时发布改为了每天九次。现如今,如同人民网以24小时滚动的方式发布新闻,这样的频率已经是网络媒体的基本配置了。24小时滚动密集报道模式一开始只是在重大事件和赛事中应用,随后已应用到普通的社会新闻。(参见下图)

第三届社会主义核心价值观主题微电影征集启动	2018-04-02 04:58:16
伟大征程	2018-04-02 04:57:14
铸牢实现中国梦的初心与梦想	2018-04-02 04:56:53
云南文山壮族苗族自治州庆祝成立60周年	2018-04-02 04:56:28
津巴布韦共和国总统姆南加古瓦	2018-04-02 04:55:33
"尼铁"会成钢(大使随笔)	2018-04-02 04:55:33
以理性态度处理贸易问题	2018-04-02 04:55:33
中国的市场开放成绩单有目共睹	2018-04-02 04:55:33
大湄公河次区域经济合作领导人会议通过多项成果文件	2018-04-02 04:55:33

图7 人民网24小时滚动新闻区

随着网络新闻从业者在实践中的探索开拓，网络新闻不断从"定时""及时"向"实时"，甚至向"全天候"转变。2001年，"911"事件发生后约8分钟，新浪发布了第一条新闻，该事件具有里程碑意义，是国内网络新闻首次抢在传统媒体之前。20年来，在社会发生重大事件，在民众感到不安时，网络新闻往往能够给予社会大众正确的舆论引导。例如，2014年昆明火车站暴力恐怖事件消息公布后的第一时间，就引起了昆明周边地区部分民众的惊慌，然而，正是由于网络新闻时效性的超强、实时，对不法分子的即时抓捕的信息也紧随其后被跟踪报道，有效制止了这一事件带来的后续负面影响。对时效性的努力追求，一方面满足了受众对新近发生的新闻事件的知情权，但另一方面在时效方面的极致追求也将网络新闻推向了危机频发的另一面。

二、层次化的新闻内容：由点及面

在时效性不断提高的过程中，突破了传统媒体单个新闻事件的一次性出品的工作理念，呈现出多层级的内容。随着从业者对网络特性的深入探索，完整的网络新闻往往包括标题、内容提要、正文、关键词超链接或者背景事件链接/二维码，延伸性阅读等；可视化图表展示，采访中与信息源相关的视频、语音的利用提高了新闻的可信度和完整性。新闻事实有三个不同的层级：已经展现为动态事件的新闻事实的表象（Events）；对事件的内在因素与整体模本（Patterns）的挖掘；聚焦于事件背后的社会发展体系（Structures）。[①] 专题整合包含了两个方向：整合新闻事实不同时期的进展与动态，以及事件发生过后的后续跟进；整合各个媒体对事件的报道，多视角、多形式的呈现为受众提供更加全面的多元观点。这些工作理念转变，都使得新闻报道更加完整，能够体现网站编辑的思考能力和专业能力。横纵两个方向的整合将所有

---

① 吴飞. 新媒体革了新闻专业主义的命？——公民新闻运动与专业新闻人的责任[J]. 新闻记者，2013（3）：11-19.

相关信息"编织成"信息网,目前各大新闻网站对重大新闻事件尤其是突发事件普遍采用这种方式。以新浪网对2015年11月巴黎的枪击爆炸案进行的专题报道为例,专题的第一层是该事件在不同时期的动态和进展,第二层是不同的媒体对于该事件的报道,层次分明,条理清晰。另外还做了高清图集链接,为用户带来了视觉上的冲击,增强了现场感。

表3 新浪网对2015年11月巴黎枪击爆炸案的专题报道

纵向维度	整合事件不同时期的进展	专稿:巴黎袭击案嫌犯是谁? 中国游客仍在巴黎拍照购物:不像想象中可怕 对巴黎恐怖袭击野蛮行径予以最强烈谴责 ……
横向维度	整合不同媒体对事件的关注	巴黎恐袭案主谋毙命 今年曾策划4起未遂恐袭(CCTV新闻频道) 恐袭后法警方紧防裤腰带炸弹:过安检需掀衣露肚(中国新闻网) 巴黎恐袭案幕后主谋被击毙 自爆女嫌犯系其亲戚(新京报) ……

参考上表中显示的纵横两个维度,分别从新闻事件在不同时期的新近变化与不同媒体对新闻事件的关注来组织各类新闻信息。具体在新闻实践中,还可以有更多的维度来"编织"信息。以光明网"BEIJING2022冬奥会一起向未来"热点专题[①]为例,在专题页面中一共有8个子栏目,"要闻速递""冬奥特刊""冰雪志愿者日记""冬奥顺风车""冬奥云画展""体适能云互动""文明冬奥""冬奥百科"。这些栏目不光包含了

---

① BEIJING2022冬奥会一起向未来[EB/OL]. 光明网,2022年4月6日. https://topics.gmw.cn/node_143626.htm.

与北京冬奥会相关的实时新闻和深度报道，还以志愿者日记、美术作品、线上体适能教学视频、冬奥知识百科这些内容丰富着大众对冬奥会的理解与认知。在新闻信息之外，这些多元化的文本内容以照片、艺术作品、视频、知识点的形式呈现着北京冬奥会的多个侧面。如"冰雪志愿者日记"通过滚动的大幅图片展示着志愿者们的工作，图片中包含图文超链接，用鼠标点击图片后即可显示相应的志愿者讲述自己在支援岗位中的工作事迹，如此设计以丰富的个人化叙事的日记风格呈现了北京冬奥会的"后台"（该词来源欧文·戈夫曼的"拟剧理论"，类似于剧院的幕后或者拍电影时的镜外活动），日记中口语化的叙述更让读者如临其境，产生强烈的代入感。

三、新的传受关系：从单向到互动

传统媒体的传播模式往往是单向的大众传播，受众相对来说是一个被动的信息接收者，发送的频率、内容和时间完全是由传播者决定的。信息时代里，不断涌现出来的新媒介改变的不仅是传播媒介的生态和信息的采编播的方式，更重要的是它正在改变着传统的传播模式。这集中体现在信息的传播主体和接受主体的变化上。自上而下的传统传播模式，渐渐衍化成双向的互动式传播模式。而传统的传播者牢牢掌控着信息源，有规模、有组织地向受众传输；新的传播者则有可能是传播者，也有可能是原本的接受者，在信息的双向流动中，传播的主体不断变换，从而形成了新的传受关系。受众不再是被动的客体，而成了驾驭信息的主人，传受之间的关系发生了根本的改变，"传者中心"为"受众中心"所替代。由于技术的变革与发展，受众能够自主地参与进信息传播中。具体表现在：1. 和传统媒体相比，消息推送从推动（push）模式演变为拉动（pull）模式。开放的网络媒体和网民的传受关系非常平等，网民将可能不再受到任何组织机构"议程设置"的强力控制和影响，完全根据自己的喜好从网上"拉出"自己感兴趣的信息。2. 技术让网络媒体根据受众的特点形成定制化内容已成为现实。

网络新闻往往很重视对用户评论等用户生成内容。评论区和论坛中种种热情的留言和跟帖，本质上是一种自发式、群言式的意见表达。网络媒体拥有的用户资源，往往是能够区别于同类媒体的核心竞争力。网易新闻提出"有态度的新闻"的口号，以新闻理念来诠释和定义门户新闻业务，与以新浪为代表的门户新闻超市模式（News Market）做了差异化品牌定位，"一方面解决识别问题，一方面尽量对内有一定方向性的业务指导。"①网易新闻客户端《每日轻松一刻》《今日之声》等品牌原创栏目通常有图文、语音和视频三种形式，从"小编"第一人称视角，将热点新闻和网络段子、网友热评、表情包图片等用吐槽风格的文字串联起来，对社会热点事件进行娱乐化解读。

近年来，由于新的传播技术不断涌现，个性化的"窄众"传播，甚至一对一定制化传播成为常态，作为具有能动性的"个体"受众理念更成为学界和业界的共识。深入了解受众，并不一定要通过问卷调查的传统方式，也可能只是通过用户打开手机点点屏幕的简单方式。这样简单便捷的背后，是通过对用户数据的采集和分析，形成了精准的用户画像，从而实现定制化内容的精准推送。

当然，所有的东西都是有两面性的。譬如上文所述，对时效性的极致追求，最终也带来了新闻的碎片化和瞬时化，而信息过载培育了用户"快餐化"的新闻消费习惯。只专注用户的使用轨迹，会让用户陷入自我编织的"信息茧房"，很难接受差异化的观点，最终将会导致不同群体之间有着难以逾越的信息高墙……

《扭曲的速度》（*Warp Speed*）一书中说，混合媒体文化中的各种力量正在不断削弱新闻工作者对真实的追求，推翻了传统的确证式新闻（Journalism of Verification），创造出断言式新闻（Journalism of Assertion）和肯定式新闻（Journalism of Affirmation），又因算法形成

---

① 唐岩. 网易「有态度的新闻」是谁提出来的？为什么？[EB/OL]. 知乎，2011年12月19日. https://www.zhihu.com/question/19656740.

了聚合式新闻（Journalism of Aggregation）。[①]在持续变化的新闻文化中，互联网在各个方面推动着新闻业的飞速发展，但也为新闻业带来了不同维度的转向。

四、新的信息分发模式：从把关人模式到人工+算法把关模式

在新闻门户时代，门户网站聚合传统媒体的新闻；在移动社交时代，新闻聚合类网站或 App 聚合传统媒体和门户网站的新闻。内容生产模式从 PGC（Professional Generated Content，专业生产内容）转向了 AAC（Algorithm Generated Content，算法生产内容）。所谓把关（Gatekeeping），是指信息在传播中受到的各种筛选和过滤的过程。以新闻工作者为把关人（Gatekeeper）的模式，正逐渐转变为人工+算法把关模式，也就是以新闻工作者、专业意见领袖等角色辅以算法技术进行把关的模式。

以今日头条为代表的新闻聚合类新闻媒体，已深刻地改变了新闻生产的流程与媒介生态，提高了新闻内容分发的效率，给传统新闻媒介带来了很大的冲击。综览我国新闻客户端的排行榜，从市场占有率的角度来说我国新闻移动客户端可以分为四大阵营：

（1）以今日头条和腾讯新闻为代表的第一阵营。腾讯新闻依靠腾讯QQ即时通讯软件积累的用户优势，领跑新闻客户端下载量之首。今日头条和一点资讯依靠其算法的精准推送的技术优势，以后发之势成为众多媒体转型的模板。

（2）以新闻门户网站为代表的第二阵营。新浪、搜狐、网易和凤凰这几家曾叱诧风云的新闻门户网站，在移动客户端对内容的划分上依旧保有门户网站的特征，在产品的设计上也不断重视用户的兴趣标签和算法对人工编辑的补充作用。

[①] 刘海龙. 新闻的十大基本原则：新闻从业者须知和公众的期待[M]. 北京：北京大学出版社，2011：41-42.

表 4 新闻移动客户端的口号

序号	客户端	口号
1	天天快报	看你想看 说你想说
2	Flipboard	你的专属杂志
3	一点资讯	私人定制
4	百度新闻	每一次阅读都有价值
5	网易新闻	各有态度
6	今日头条	你关心的才是头条
7	UC 头条	从兴趣 发现乐趣
8	微博头条	随时随地一起看新闻

目前从门户向移动端转型的过程中,与算法聚合类新闻客户端相比,门户网站已经失去了推送优势。但门户网站对重大新闻事件的内容整合能力是算法聚合类客户端所欠缺的,人工编辑凭借职业敏感和从业经验对话题的把控能力是算法暂时无法战胜的优势。同时各自凭借不同的风格与调性依旧吸引着不少拥趸,譬如网易新闻主张的"有态度",一方面区别于新浪开创的新闻超市模式,解决了同类门户新闻的识别问题,另一方面使其新闻业务转向对社会情感的把握和介入,与用户产生更深层的联结。

(3)以新闻媒体为代表的第三阵营。近年来不断传出报纸杂志停刊的新闻,面对新闻业已然衰败的哀嚎遍地,更多的从业者坚信"纸媒不死,新闻永在"。变革中的新闻业,衰败的只是纸质的媒介,而并不是纸张上承载着的新闻操守。各大新闻媒体调整业务方向涉足移动端,以其新闻专业主义的实践与网站编辑稀缺的采访权壁垒成为门户和算法类新闻移动端的信息源。各自的新闻客户端下载率和打开率未必有惊人表现，但其内容通过社交媒体、门户和算法类新闻移动端的不同途径进行分发。

（4）以细分市场为代表的第四阵营。第三阵营之后就是百花齐放、百家争鸣的景象，虽然市场份额不高但是用户群更加精准，具有独特的价值。比如ZAKER、知乎日报等等，这些网站作为致力于小众领域的领导者，都曾尝试针对特定内容来满足细分人群。

第二节 媒介转型视角下新闻业的四个转向

新闻职业伦理的产生与发展必须依赖于一定的新闻传播环境,如今,媒体融合成了中国媒体发展的关键词,它成为新闻职业伦理转型的逻辑前提。① 要研究今日的中国新闻媒介,无论如何都绕不开的话题就是中国社会的转型。

当代中国的社会结构,正处于由传统社会向现代社会的深刻转型过程中。社会转型(Social Transformation)这个概念源自西方社会学的现代化理论,是社会学家对生物学"tranformation"概念的转用,以描述社会结构具有进化(或称演化)意义的转变和性变。② 我国社会学家李培林从社会学角度对社会转型范畴作了探索性界定:"社会转型是一种整体性发展,一种特殊的结构性变动,是一个数量关系的分析概念"③。

文章认为,媒介转型视角下,我国新闻业正在经历着组织结构、从业主体、接受主体(受众)以及新闻价值标准这四个维度的转向。

一、集体转型的传统新闻业

新媒体的崛起,让媒体人感慨传统媒体"黄金时代"的逝去。傅剑锋感叹传统媒体在互联网的冲击之下已经完全失去了原有的议程设置能力,也失去了再现黄金时代的可能。④ 曾经媒体人对于采编和内容互

---

① 李学孟. 媒体融合需重建新闻职业伦理[N]. 光明日报,2016年1月9日.
② 张雄. 社会转型范畴的哲学思考[J]. 学术界,1993(5):35.
③ 李培林. 另一只看不见的手:社会结构转型[J]. 中国社会科学,1992(5):4-6.
④ 张志安,刘虹岑. 一个人的转型是一次自我修行——专访腾讯大浙网总裁傅剑锋[J]. 新闻界,2013(14):3-12.

相独立的自豪不断遭受打击，采编独立、内容独立往往要为营收而让路，而妥协。以微博、微信为代表的自媒体生产平台的崛起，以及技术提高带来的媒体接近性降低了新闻传播的进入门槛，非专业的新闻生产（如用户生产内容、自媒体组织机构等）危及了传统新闻业科层制的组织形式和管理制度。本节将以纸媒停刊为切入点分析探讨，一窥媒介转型背景下传统新闻业变革的复杂图景。

近十几年来，在各类媒体年度大事件的盘点中总能发现唱衰纸媒的论调。国内外的停刊潮越演越烈，用户阅读习惯的改变、纸媒公信力的下降、盈利模式的缺失，三座大山压在传统新闻从业者的心头。目前，传统纸媒的寒冬似乎仍在继续。美国学者菲利普·迈耶（Philip Meyer）的影响力模型曾预测美国新闻业的信任度以每年 0.6 个百分点的平均速度下降，……日报读者以每年 0.95 个百分点下降。[①]

据我国官方数据显示[②]，2008 年到 2020 年间，报纸种类不断减少，总印张数和新闻纸的使用急速降低。（参见下表）有学者表示，从 2012 年起，"最后一个暴利行业"报业的"暴利"已经一去不复返，报纸读者流失，发行量急速下滑，而且下滑幅度越来越大，业界称为"断崖式"下滑。[③]互联网不仅挤压了传统纸媒即有的市场份额，更是培育了野蛮生长的新兴媒介灵活抢滩。寒冬中的传统纸媒并没有像温水中的青蛙对周边环境失去了敏感，却如壮士断腕般决绝地选择了顺势而为，或取消纸质发行，或集中资源战略转型。

---

① [美] 菲利普·迈耶. 正在消失的报纸：如何拯救信息时代的新闻业 [M]. 张卫平，译. 北京：新华出版社，2007：13-14.

② 根据国家新闻出版广电总局 http://www.gapp.gov.cn/、全国新闻出版统计网 www.ppsc.gov.cn、科印网 www.keyin.cn 的数据综合整理。出于统一数据标准的考虑，此处没有选取发行量和营业收入作为指标，而是从新闻纸耗费和总印刷量更为客观全面地描述整个行业的兴衰面貌。

③ 陈国权. 中国报业投资报告 // 张向东，谭云明. 传媒投资蓝皮书：中国传媒投资发展报告（2015）[M]. 北京：社会科学文献出版社，2015：58.

表 5　2008-2020 年报纸种类、印刷量情况

年份	2008	2009	2010	2011	2012	2013	2014	2015	2016	2017	2018	2019	2020
报纸种类（种）	1943	1937	1939	1928	1918	1915	1912	1906	1894	1884	1871	1849	1810
新闻纸（万吨）	358	334	363	377	366	338	305	257	215	192	176	155	135
总印张（亿对开张）	1594	1486	1613	1678	1630	1505	1360	1154	958	855	781	689	600

回顾媒介发展，新媒体一直是传统媒体数字化转型的最佳跳板。《九江晨报》在最后一期的报纸公告中坦言：当所有人似乎还在为微博的字数限制而争论时，微信的横空出世让微博在短短的时间内就成了昨日黄花。迟钝一点的人还在习惯使用微信来代替短信交流时，各种 App 就以野火燎原般的气势吞食了所有人的碎片时间，将手机从奢侈品直接升级为了所有人的必须品。[①]在新闻门户网站时代，新浪、搜狐、网易、凤凰为主的四大门户网站占据了新闻分发的渠道优势，传统媒体以内容优势与门户网站合作或引流到自家网站。在两微一端的媒介融合时代，传统媒体则纷纷在微信、微博圈地，抢滩新闻客户端，试图导流到移动端，实现转型突围。《都市周报》将出版的每一期报纸比喻成送给读者的情书，"从明天开始，你就只能在手机终端上，通过微信平台阅读我们的情书了。未来，当然也可能会有 App 或者更新的未知方式，这应该会取决于更新的科技进展。"[②]曾经是浙江省最具成长性

[①]在每一个明天再见 [N]．九江晨报，2015 年 12 月 31 日．
[②]换个角度　无限可能 [N]．都市周报，2015 年 12 月 31 日．

的报纸《今日早报》，还有浙江第一平面媒体《都市快报》系列报的《都市周报》，也不可避免地出现了风格基调、报道内容、市场定位等方面的同质化现象。2015 年 12 月 31 日，两家纸媒同日停刊，并宣布转为线上运营："今天，我们告别了一张报纸，但我们并没有离开。从明天开始，我们的团队将转赴媒体融合的新战场，浙报集团'三圈环流''三端齐发'的主阵地上，我们依然在战斗。"①

让人意外的是，和舆论对报纸停刊呈现出的哗然和悲观不同，这些纸媒的停刊词却呈现出了新闻业剧烈变动的湍流之下的积极与乐观。大多能理智地认识到技术带来的变化，往往将新媒体带来的冲击视为威胁，但更看作是机遇。《都市周报》发布的题为"换个角度 无限可能"的停刊词中有："相信我们，想和你在一起的愿望，从未停息。我们就像站在时代的莫比乌斯带上。转过一圈，以为已经走到终点，但其实是另一面新的开始。"②莫比乌斯带常被认为是"无穷大"的象征，行走在莫比乌斯带上，每一次绝望的背后都是一次新的生机和转折，这一比喻的背后是对媒介战略转型的美好希冀。（参见下表）

伴随着纸媒的没落，网络媒体尤其是自媒体在野蛮生长。Facebook、Twitter、BuzzFeed、Instagram、Tumblr、Snapchat、Vine 等社交平台以其独特的交互性和病毒式传播的内容风靡全球；我们再将镜头拉向国内，微博、微信、抖音、快手、知乎等各种社交平台以不同的媒介形式聚合的热门信息，占据了网民们的大部分流量。

---

①致读者 [N]. 今日早报，2015 年 12 月 31 日.
②换个角度 无限可能 [N]. 都市周报，2015 年 12 月 31 日.

表6 近些年宣布停刊的24家报纸

序号	报纸	停刊时间	创刊时间	所在地	首次发布平台
1	新闻晚报	2014年1月1日	1999年	上海	官方微博
2	竞报	2014年4月25日	2004年12月28日	北京	报纸
3	天天新报	2014年5月1日	2008年11月1日	上海	报纸
4	房地产时报	2014年8月1日	2001年1月2日	上海	报纸
5	大连法制报	2014年8月29日	1981年2月1日	辽宁	报纸
6	上海商报	2014年10月1日	1985年10月3日	上海	报纸
7	北方新报·包头版	2015年1月1日	2010年	内蒙古	报纸
8	北方新报·新周末	2014年11月28日	2011年5月8日	内蒙古	报纸
9	杂文报	2015年1月1日	1983年	河北	报纸
10	生活新报	2015年7月1日	1999年8月11日	云南	报纸
11	中国包装报	2014年5月21日	1985年4月1日	北京	报纸
12	榆林日报都市生活版	2015年2月15日	2011年4月1日	陕西	报纸
13	新报	2015年7月12日	1959年	香港	报纸
14	长株潭报	2015年9月21日	2011年6月6日	湖南	报纸
15	今日早报	2016年1月1日	2000年10月8日	浙江	报纸

续表

序号	报纸	停刊时间	创刊时间	所在地	首次发布平台
16	九江晨报	2016年1月1日	2010年10月11日	江西	报纸
17	都市周报	2016年1月1日	2007年4月12日	浙江	报纸
18	人民前线	2016年1月16日	1948年9月18日	江苏	报纸
19	太阳报	2016年4月1日	1999年3月14日	香港	报纸
20	时代商报	2016年9月1日	2005年5月1日	辽宁	报纸
21	河南青年报	2016年9月27日	1949年6月1日	河南	报纸
22	京华时报	2017年1月1日	2001年5月28日	北京	报纸
23	东方早报	2017年1月1日	2014年7月22日	上海	报纸
24	楚天金报	2017年12月1日	2001年11月18日	湖北	网络

在互联网的深度冲击下，传统媒体主动选择将新的媒介理念融入到自身的转型实践中，还积极鼓励内部创新创业。鼓励员工内部创新创业的做法大体有三种：一是公司以股权或奖金的形式激励员工成立项目组，基于内部原有人力资源孵化出关系行业和公司未来的产品；二是公司以入股的形式鼓励停职创业的员工，让其帮助拓展公司的发展版图；三是提供弹性制的考核与打卡制度，完全"放羊"，给足空间，员工在广袤的新媒体热土上野蛮生长打拼属于自己的天地。[1]大多数公司会选择第一种，保守而最具可行性。孵化平台的配套制度与措施也

---

[1] 魏传强. 内部创业，孵化还是放羊 [J]. 青年记者，2015(19)：18-19.

相应出台，如浙江日报报业集团的传媒梦工场（Media Dreamworks）、南都报系 ND 蜂巢、21 世纪报系 21 创客等。从他们的名字可以看出孵化器大多被寄予了很多积极的期待，强烈的科技感与现代感寓意着基于现有品牌迸发出的美好未来。

孵化产品相继推出市场，有效地缓解了传统媒体的边缘化和两个舆论场两种声音的现象，一寸一寸地守住舆论阵地，占领舆论制高点。放下高高在上的架子，打造新媒体矩阵尝试去做直播、做社群、做带货和电商等等新鲜的尝试。以上报集团为例，《上海观察》《澎湃新闻》《界面》等有市场前景、成熟团队和商业模式的专业细分领域的项目陆续获得了商业投资；同时能够撬动社会资本与文化资源，与母报业集团的产业资本充分对接。①但在更为广泛的地域而言，成功案例并不那么常见。传统媒体内部创业是"一把转型双刃剑还是一剂毒药"②，已是难解的命题。

传统媒体在尝试转型或孵化新媒体项目产品的同时，也在积极投资新媒体领域，多方面寻求转型出路。2015 年 8 月，NBC Universal 集团宣布为 Vox Media 和 BuzzFeed 注入连续两笔两亿美元的大手笔投资，发出了传统媒介集团向互联网领域积极转型的清晰信号。国内市场也早就启动跨界投资或收购。以早早布局新媒体领域的浙报传媒为例，梳理一下浙报传媒在媒介转型中的卡位战大事记。（参见下表）

---

① 韩益忠. 这次，上报集团真的踩准了点 [EB/OL]. 上观，2014 年 9 月 24 日. https://www.jfdaily.com/news/detail?id=1569.

② 传统媒体内部创业：转型双刃剑还是毒药？[EB/OL] MBAChina 网，2015 年 6 月 26 日. https://www.mbachina.com/html/mbachina/201806/86407.html.

表7 浙报传媒在媒介转型中的新媒体布局

时间	事件
2012年	启动互动娱乐平台建设并于当年4月通过议案，拟非公开发行和自筹资金向盛大娱乐收购其持有的杭州边锋网络技术有限公司100%股权，和上海浩方在线信息技术有限公司100%股权
2012年7月	向虎嗅网投资了数百万元投资
2013年4月	正式完成2012年的非公开发行和收购工作
2014年3月	子公司东方星空创业投资有限公司拟合计出资10010.12万元受让竞技游戏公司起凡数字和起于凡信息各5.75%股权
2014年	浙报传媒、修正集团及浙江新联控股共同出资1亿元，打造专业居家养老平台"养安享"，主要为居家老年人提供居家服务、娱乐健身、养生养性、阅读欣赏等10余种惠老、助老公益体验活动
2014年	出资人民币1亿元增资天津唐人影视股份有限公司，目前持有其股份8 064 516股，持股比例为7.59%
2016年3月	浙报传媒（拟出资5320万元，占53.2%的股权）与北京百分点信息科技有限公司（拟出资2700万元，占27%股权）、浙江浙商资本管理有限公司（拟出资1980万元，占19.8%股权）共同出资，筹建浙江大数据交易中心有限公司（注册资本1亿元），负责大数据交易中心项目的建设和实施
2016年6月	"养安享"仍处于初创布局期，尚未实现盈利
2017年1月	停牌并宣布了重大资产重组
2017年2月	发布公告，向控股股东浙报控股出售包括《浙江日报》《钱江晚报》在内的新闻传媒类资产，预估值为19.9671亿元

2013年开始，浙报传媒不断进军新闻传媒类业务以外的领域，当年年报里号称要发展"3+1发展方向，要搭建新闻传媒平台、互动娱乐平台、影视平台和文化产业战略投资平台"①，将影视文化和互动娱乐提升到与"新闻传媒"平行的位置。对游戏板块的投资很快就见到了成效，杭州边锋、上海浩方自2013年5月起纳入浙报传媒合并范围，至当年12月底7个月的净利润就达到了1.91亿元，占归属于上市公司股东净利润总额46.45%。②紧接着，浙报传媒不断将触角伸向影视公司、大数据交易中心、居家养老平台项目等。从接下来三年的年报中，我们可以看出一丝端倪：2015年年报表示，新闻传媒类资产受行业经营环境恶化影响持续下滑，而资产收益在报告期内实现大幅增长，尤其是游戏业务稳步增长带来的收益构成了公司资产收益的重要组成部分；至2016年，《浙江日报》和《钱江晚报》等旗下主流大报的发行量和广告收入继续走低；进入2017年，浙报传媒卸下曾经作为核心业务的新闻媒介类的资产包袱，进行了重大资产重组。

二、从"无冕之王"到"新闻民工"：晃动的职业身份

原《东莞时报》的编委高宏利庆幸于自己赶上了传统纸媒黄金时代最后的辉煌，同时也清醒地看到了新时代的车轮滚滚。③纸媒的停刊潮随即带来的是从业人员的离职潮。2015年停刊的《生活新报》在停刊词里这么写道："即使纸媒死了，也会留下圣徒无数……缘分曲终人散，新闻圣徒散落天涯……报人风骨犹存 无冕之王坚挺脊梁"④"新闻圣徒"

---

①陈宇曦.浙报传媒作价近20亿元出售浙江日报等21家新闻传媒类资产[EB/OL].澎湃新闻，2017年2月24日. https://www.thepaper.cn/newsDetail_forward_1626558.
②陈宇曦.浙报传媒甩包袱 作价近20亿出售浙江日报等21家新闻传媒类资产[EB/OL].腾讯科技，2017年2月25日. https://tech.qq.com/a/20170225/023416.htm.
③高宏利.【一个十年媒体人的转型自白】东莞时报原编委高宏利：我为什么辞去报社编委后又辞去企业媒体总监[EB/OL].微信公众号"刘刚在路上"，2014年9月20日. https://wx.paigu.com/a/352644/17340893.html.
④有骨气 人非凡[N].生活新报，2015年5月15日.

一直被称作新闻理想的一个标签,出自于前21世纪报系总编沈颢的文章《瞧,那些新闻的圣徒》,其中一句"即使新闻死了,也会留下圣徒无数"让无数媒体人泪流满面。然而他们却用脚投票,"打破了既定的职业轨迹,变换一种跑道"[①],转向新媒体或互联网企业。有学者曾对2009年起的六年多内50多位媒体人的辞职信进行了统计和分析,以找出他们离开工作岗位的原因:对于传统体制束缚的不满、面对新技术冲击的无奈、经营媒体的庞大压力,以及职业规划中各种新的可能性。[②]可以说,在整个行业技术变革和环境变迁的大前提下,固守原有阵营并不是一个可选项,无论是出于主动还是迫于被动,他们都必须做出必要的职业选择。[③]

我国新闻业正处于媒介转型时期,服务与娱乐的新闻理念日趋增强,传统的宣传管理模式正在越来越多地受到来自市场经济的冲击。"在媒体产业化改革中,新闻专业理念又遇到媒体商业化动作的陷阱,竞争与利润的红颜埋葬了一个个媒体掌控者的灵魂,这样的尴尬局面有悖于新闻记者的职业理想。"[④]

现在无论是在公众号还是今日头条发文,判断一篇文章是否成功的一个重要标准就是点击量,通常以点击超过10万来衡量一篇文章成功与否。10万+背后正在毁掉新闻业的未来。新闻内部流程有两关要过:发稿之前要过要闻编辑部门把守的第一关;发稿后,还要过绩效考评部门的第二关。两关之间还有内在联系:前一期的第二关又会成为下一期的第一关。KPI压力逼迫从业者用最少的时间和精力写出更多的新闻,以便完成考核指标。新闻呈现碎片化、情绪化的趋势,根源在于

[①] 常江,杨奇光. 断、舍、离:聚焦传统媒体人的"离职潮"[J]. 新闻界,2015(20):14.
[②] 陈敏,张晓纯. 告别"黄金时代"——对52位传统媒体人离职告白的内容分析[J]. 新闻记者,2016(2):16.
[③] 任孟山. 媒体人加速离职与新闻专业主义隐忧[J]. 青年记者,2015(4):18.
[④] 刘建明. 新闻学前沿[M]. 北京:清华大学出版社,2005:227-229.

按件计酬的考核体制。

正如同美国学者麦克马纳斯（McManus John H.）在其所著《市场新闻业：公民自行小心？》[①]一书中指出，"当新闻室内开始运用企业管理手法产制新闻更甚于以往的传统方式时，则读者或观众将被视为是一名'顾客'(customer)，而新闻将被视为一项商品(product)，至于发行量或区域将被视为是一个'市场'(market)"。意即在市场导向的驱力下，受众、新闻与发行量这三个方向的讨论，已于近年来逐渐被消费者(consumer)、商品(product)与市场(market)这三个更趋向商业机制的概念所取代。

从"无冕之王"到"新闻民工"的晃动，一方面是由于低门槛进入的从业者在公众利益与商业利益的权衡与把握中缺失了责任感与使命感，主动放弃了媒介的把关人、船头的瞭望者的身份，背叛了职业道德；另一方面，更重要的是，在饥肠辘辘的市场环境下，"按件计酬"方式胁迫从业者填补无尽海量的媒介内容需求，满足眼球经济的受众注意力，曾经的"无冕之王"正如同农民工一样没有福利保障，整天为了生存而奔波忙碌。

三、从作为群体的被动受众变成作为个体的主动用户

学界对受众理念有一个明显的演变过程，从作为大众的受众，到作为群体的受众，再到作为个体的受众。20世纪50年代，在"魔弹论"的影响之下，受众通常处于被动地位，不仅难以与信息的生产者和传播者产生互动反馈，并且缺乏理性且易于被操纵。芝加哥社会学学者赫伯特·布卢默（Herbert Blumer），将受众称为"大众"，认为其是现代性社会环境的产物，具有规模大、匿名性和无限性等特点，在一定程度上类似于群体、群集、公众等概念。

---

① John Herbert McManus. Market-Driven Journalism：Let the Citizen Beware? [M]. Sage Publications，1994.

20世纪60年代一些以受众为中心的理论开始出现，这些理论都是基于对受众能动性的认可，其中以"使用和满足"（Uses and Gratifications）理论影响最大。这一理论认为传播活动的出发点是受众的需要，认为受众拥有主动参与到传播过程中的能力，也能影响到传播效果的反馈。

在1995年互联网在中国出现之前，传统媒体是中国民众获得外部信息最主要甚至可以说是唯一的大众传播渠道。彼时的大众化传播提供的是无差别的信息服务。新媒体的出现，则使得基于算法技术的个性化传播成为可能。大众化传播是以传者为中心的传播，个性化传播遵循的是需求理念，奉行"用户至上"的原则，追求精准推送。大众化传播则从新闻事件对全社会的影响范围和程度来判断其重要性，并以此决定议程设置；而个性化传播则"不考虑新闻的公共性和普遍性、全社会意义上的重要性"[①]，通过基于用户的数字脚印（Digital Footprint）来推送相关内容。

数字技术具有完全改变媒体面貌的潜力。在数字技术的影响下，新一批的受众将会在新媒体的孕育下诞生，自这一批受众诞生之初，他们所了解的就是一个碎片化、移动化、无限制化的新世界。新媒介的互相融合、互相交互、互相超界等特征将会改变受众的传统面貌：受众既是媒介的消费者，同时也是内容的传播者和生产者。不同于仅仅是"大众"，受众具有鲜明的个性化特征；受众会致力于自我建构，会无视传统大众媒介的束缚，其存在主要取决于自身的行为、能力和心态。受众的身份将不断转换，可以同时作为接受者、搜索者、对话者、传播者而存在……虽则如此，在麦奎尔看来，只要"大众媒介"依然存在，关于受众的传统含义和传统现实也将继续适用和继续存在。[②]

---

① 张华."后真相"时代的中国新闻业[J]. 新闻大学，2017（3）：28-33+61+147.
② [英]丹尼斯·麦奎尔. 受众分析[M]. 刘燕南，等，译. 北京：中国人民大学出版社，2006：144.

相较于传统媒体，网友在开放的网络媒体之中处于一个更加平等的传受地位，他们根据自己的喜好来获得想要的信息，而不受任何"议程设置"的操控。①消息推送从推动（push）模式演变为拉动（pull）模式。近年来，由于新的传播技术不断涌现，个性化的"窄众"传播、甚至一对一定制化传播成为常态，作为具有能动性的"个体"受众理念更成为学界和业界的共识。从如下所列新闻移动客户端的口号（solagan）也可以看出端倪。以往的信息传播模式是单向的，媒体提供什么样的信息，人们才能接受到怎样的信息。而互联网时代的信息则是双向的，更是互动的。在移动互联网的年代，随着时间、场景和地点的变化，信息更是需要不断更新。②"受众"有被动的含义，以往的新闻传播实践往往将其看作信息的被动接受者，而现在传受集于一体的"受众"已然演变为了更为主动的"用户"。用户是聚合类新闻客户端 slogan 的共同核心元素，如一点资讯的"私人定制"、天天快报的"看你想看 说你想说"、Flipboard 的"你的专属杂志"，凸显了这些新闻客户端的新闻理念：站在用户的角度思考问题。根据用户的"普遍需求和核心需求"提供信息，技术和理念的变化带来了新的推荐和定制模式。当用户使用社交媒体账号登陆聚合类新闻客户端时，用户的多角度信息如手机品牌、关注人群、好友信息、评论/转发/点赞收藏等使用轨迹等，会抽象成一堆不同维度的标签。围绕这些标签，系统为用户推荐信息，同时根据用户的阅读痕迹包括阅读点击哪些主题的新闻、停留时长、分享情况等，不断优化推荐的算法。随着用户的使用次数和频率的提升，系统会更加清晰地摸索出用户的兴趣，产品也会更加智能和人性化。这种以用户为中心的个性化传播成功实现了麻省理工学院技术专家尼古拉斯·尼葛洛庞帝（Nicholas Negroponte）在互联网诞

---

①雷跃捷，辛欣．网络新闻传播概论[M]．北京：北京广播学院出版社，2001：167．
②张一鸣．机器替代编辑？新媒体"今日头条"的活法[J]．传媒评论，2014（3）：37．

生早期就已做出"我的日报（The Daily Me）"的预言："数字化的生活将改变新闻选择的经济模式，你不必再阅读别人心目中的新闻和别人认为值得占据版面的消息，你的兴趣将扮演更重要的角色。"[①]

新的传播技术为受众带来了更多的媒介接近权，传受身份于一体的转变加剧了网络新闻从业人员的内心焦虑与职业恐慌。公民新闻（Citizen Journalism）是指由公民进行搜集和发布信息的新闻模式，目的在于为社会提供更独立、更多元、更广泛的新闻信息。随着自媒体时代的到来，公共表达的门槛降低，让个人的观点有机会呈现在舆论场中。面对突发事件时，在场的公众及其社交媒体账号就可以成为可靠的消息源，为媒体提供准确及时的现场图文视频。尽管拍摄的图片和视频未必多么清晰，写下的文字未必多么符合新闻标准，甚至只有寥寥数字，但因其强烈的临场感，与媒体从业者的专业报道形成合力，补足了新闻报道的时效性和冲击力。不过，从另一个角度来说，身份模糊的信息源和未经证实的信息内容也降低了信息的准确性和可靠性，普通用户难以判断其行为背后的动机，容易为别有用心之人利用，使公民新闻这样的模式沦为个人泄愤的工具。

四、互联网冲击和模糊了新闻业的界限

随着新闻生产后台的前台化，新闻从业者围绕具体的新闻实践、报道、人物所进行的专业新闻话语的论述日益频繁地展现在公众面前，这个过程重新定义了新闻与新闻工作……开放出诸多的新闻研究新空间。[②]新闻既有文化属性又有商品属性，前者是建立在为政党和社会公众利益的服务之上，后者是建立在对经济利益的追求之上。马克思

---

①[美]尼古拉·尼葛洛庞帝.数字化生存[M].胡泳，范海燕，译.北京：电子工业出版社，2017：150.

②周葆华.从"后台"到"前台"：新媒体技术环境下新闻业的"可视化"[J].传播与社会学刊（香港），2013（25）：35-71.

曾从消费的角度指出，"报纸就包括在英国城市工人的必要生活资料之内"①，并将报纸比喻成社会舆论中流通的纸币②。新闻事业的进步一直推动着新闻业更好更快地发展，商品属性在此处并不是一个贬义词。新闻是对新近发生的事实的报道，这些事实是新闻从业者风里来雨里去地通过采访得来的，是穿过大街小巷跑出来的。不论是广播中的音频，还是电视中的视频，或是网络媒体中的多媒体，都是新闻从业者的体力劳动和脑力劳动的结晶，这其中都凝结了无差别的人类劳动。

互联网带来了新闻与信息、谣言和真相、广告与新闻内容等方面界限的模糊。在媒体公信力的背书之下，让用户将定位精准的虚假信息或者广告"误以为"是有价值的新闻信息，从而巧妙地让用户主动转化购买行为，以达到精准营销的目的。点击率甚至转化率成为新闻的核心价值。由于以往新闻网站的编辑没有采访权，一般通过采编其他新闻信息来源的内容进行内容编辑。有些编辑出于博眼球、增加流量的考虑，往往会改动原文的标题，让标题更具话题性和煽动性。更有部分编辑没有遵守职业操守，绕过原创新闻作品的版权问题，不标注信息来源和原作者信息。迫于广告的压力，对特定的群体（如娱乐明星）进行更多的资源倾斜，占用公共资源而忽略了弱势群体的真实存在，忘却了新闻的根本要义。今天媒体人所须肩负的真正艰难与艰巨的使命，并不是简单地"去娱乐化"以及教条性地"重建道德"，而是去重新定义"新闻价值"，重新定义那编织"社会现实"的支配性的话语形态。③

正如前文所说，美国社会学家罗伯特·K.默顿（Robert King Merton），认为文化目标和制度手段之间的矛盾会形成一种"断裂或紧张状态"，为缓解这种紧张，人们便会以创新及仪式主义、退却主义和

---

① 中央编译局.马克思恩格斯全集（第48卷）[M].北京：人民出版社，2007：12.
② 中央编译局.马克思恩格斯全集（第28卷）[M].北京：人民出版社，2007：523.
③ 吴冠军.重要的是重建媒体价值[EB/OL].观察者网，2012年2月10日.http：//www.guancha.cn/indexnews/2012_01_10_64109.shtml.

反抗的方式表现出越轨行为。根据社会成员在面对文化目标与选择制度手段时所给出的不同反应,个人适应模式会出现四种失范行为类型。[①] 本书结合停刊潮和离职潮里呈现出的各种趋势,分别将个体适应类型分成四种适应类型(如下表)。

表8　停刊潮和离职潮中的个体适应类型

失范反应类型			文化目标		制度化手段	
默顿理论	媒介	从业者	新闻文化价值	工具理性	新闻文化价值	工具理性
创新	新媒体创业	新媒体转型/创业	√			√
仪式主义	两微一端	商业性行业		√	√	
退却主义	停刊集中力量做其他纸媒/更名	学校	√			√
反抗	彻底停刊	自媒体		√		√

如果有部分社会成员背离规范标准而更容易成功地实现目标,就可能会给社会系统中本来较不易受到冲击的其他个体创造出一个更易产生失范的环境,同时消解了制度规范对系统中其他个体的合法性,扩大了系统中的失范程度。[②]管理者和从业者"在文化上对成功目标极其地强调追求"选择了"创新模式"通过使用"不合法但技术上效率高的手段"来获得文化目标的达成。仪式主义的适应类型抛弃纸质媒体

---

① [美]罗伯特·K.默顿.社会理论和社会结构[M].唐少杰,译.南京:译林出版社,2008:233-234.
② [美]罗伯特·K.默顿.社会理论和社会结构[M].唐少杰,译.南京:译林出版社,2008:279.

集中精力做好两微一端、投身商业性行业的选择，无疑是将巨大的金钱成功和迅速的社会升迁这种崇高的文化目标放弃或是降低到个人志向能够得到满足的位置，在这过程中社会成员遵从着制度性规则的仪式主义。当个体的行为与制度规范不一致时，他们放弃文化规定的目标（停刊或者离开新闻业），选择了"退却主义"。当社会成员无法找既合法又有效的手段时，个体只能选择"逃避"社会的要求，如选择彻底停刊、永不复刊，或者投身去自媒体。

章小结：

数字化技术正在深刻地影响着新闻场域的变迁，新闻实践者们主要转向了市场话语。[①]新兴新闻实践使得分工变得复杂化，导致在网络新闻实践中建立新闻权威充满了内在矛盾。信息公共品具有非竞争性和非排他性，但市场化程度较高的网络媒体，在强大的商业逻辑下必然会采用注重效率的手段获取稀缺的注意力。

在洗牌中重生，在危机中涅槃。在媒介融合的背景下，新旧媒体的融合将是一条十分艰难但却闪烁着成功星光的曲折道路。

[①] 李艳红，陈鹏. "商业主义"统合与"专业主义"离场：数字化背景下中国新闻业转型的话语形构及其构成作用 [J]. 国际新闻界，2016，38(09)：135-153.

第三章　媒介转型背景下网络新闻伦理失范

新闻伦理失范现象是一个很宏大的概念，由无数分支汇集而成，如虚假新闻、有偿新闻、隐性采访、媒介审判、新闻侵权等。每一个单独的现象本身都足以支撑起一本著作或一篇博士论文，本书试图用这一章以点带面地归纳和总结对网络新闻伦理失范的观察与思考，难度很大，十分棘手。同类著作或研究在本章一般将现象归类总结，结合翔实的实践案例进行解读，并独立成章，如黄瑚的《新闻传播伦理与法规使用教程》[①]、牛静的《新闻传播伦理与法规：理论及案例评析》[②]等。

本章从流量稀缺时代对注意力的争夺、商业主义冲击下晃动的职业身份、智能传播时代新技术的冲击这三个视角展开对媒介转型背景下网络新闻伦理的观察。三个视角参照拉斯维尔的5W模式[③]，从中提取出传播者、传播内容、渠道媒介三大重要元素，按每个元素一个小节

[①] 黄瑚. 新闻传播伦理与法规使用教程 [M]. 北京：高等教育出版社，2011.

[②] 牛静. 新闻传播伦理与法规：理论及案例评析 [M]. 上海：复旦大学出版社，2015.

[③] 1948年，美国学者拉斯维尔（Harold D. Lasswell）提出了传播过程中的五大基本要素，即传播者、传播内容、传播媒介、受众以及传播效果。参见 [美] H·D·拉斯维尔. 社会传播的结构与功能 [J]. 谢金丈，译 // 转引自张国良. 20世纪传播学经典文本 [M]. 上海：复旦大学出版社，2003：205.

的结构对网络新闻伦理失范现象进行梳理与解读。由于时间关系，分类未必多么科学，案例也很单薄，不够立体全面，有待后续的完善与补充。

第一节 流量稀缺时代对注意力的争夺

一、以虚假新闻、反转新闻为代表的内容失范

（一）虚假新闻

中国记协主持的国家社科基金特别委托项目"新闻行业自律的体制与机制研究"的调查显示，新闻从业者认为煽情新闻、有偿新闻、虚假新闻等仍是中国新闻行业比较严重的失范现象。[①]不少媒体经常盘点年度十大虚假新闻和反转新闻，信息源缺乏考证往往是虚假新闻和反转新闻频发的根本原因所在。

在虚假新闻方面的研究中，《新闻记者》期刊从 2001 年开始成立"年度假新闻研究课题组"，评选出当年的"年度十大假新闻"作为考察样本进行统计分析，探求假新闻的生产特点与规律。假新闻往往出自市场化程度较高的媒体，往往是不惜放弃职业道德换取经济利益。假新闻的选题往往是混迹于与人民群众切身利益迫切相关的议题，如突发性事件、食品药品类、社会新闻类、经济类，而时政类新闻由于把关较严，相对较少出现作假。在假新闻的叙述文本中，往往夹杂着部分真实的新闻要素，模糊处理虚假的要素，比如利用社会声望较高的名人或专业领域人士为虚假部分内容进行背书，还会通过添油加醋、危言耸听、无中生有等手段加剧新闻的叙事性和猎奇性来吸引眼球。假

[①] 陈昌凤. 记者最重要的自信缘于自身的力量 [EB/OL]. 中国新闻网，2013 年 11 月 8 日. https://www.chinanews.com.cn/sh/2013/11-08/5479481.shtml.

新闻往往没有标注记者的身份信息，捏造或隐藏消息来源、片段性截取、扭曲理解被采访者的真实意思。课题组认为在新闻打假中尚存一些无法化解的困惑：如，新闻界对假新闻的判定标准暂时还没有形成一个共识，对取得良好社会效果的造假是否能够容忍、转载媒体是否应该负事实核查责任、重大题材的新闻摄影作品是否允许 PS 处理、商业炒作是否算造假新闻。[①] 而这些困惑的消弭还有待新闻从业者和理论研究者的合力协作，追寻普适性的共识判断。课题组认为 2021 年起相关案例明显减少，主要原因是相关部门不断加强各种管理措施，对虚假新闻频发及传媒伦理乱象做了有效规制。[②] 如，2021 年，中央主要新闻媒体，以及一些全国性行业媒体、省级主要新闻媒体等，按照中宣部、中国记协印发《媒体社会责任报告制度实施办法》，从履行政治责任、阵地建设责任、服务责任、人文关怀责任、文化责任、安全责任、道德责任等方面，对 2020 年履行社会责任情况进行逐项报告，对全国新闻媒体起了示范和引领作用，社会责任意识深入媒体，逐步成为思想自觉、行动自觉。[③]

（二）反转新闻

"反转"一词最初常用于叙事学，如写作中的情节反转，各种叙事元素让观众以为接下来情节会从 a → b，但由于已铺垫好的盲点被揭示出来，a 和 b 之间的情节出现了变化，反而达到了 a → c，这种反差感往往叫做"反转"。反转新闻一般常见于话题性较强的社会新闻，这类新闻往往有一定叙事张力，议题能吸引公众的关注，易煽动公众的情绪，能够激发起公众的同理心，掀起广泛的舆论激荡。

[①] 本刊编辑部. 八年新闻打假，留下五大困惑 [J]. 新闻记者，2009（1）：14.
[②] 年度传媒伦理研究课题组，刘鹏，王侠，简丹丹. 2021 年传媒伦理研究报告——暨 2021 年虚假新闻研究报告 [J]. 新闻记者，2022，No.467(01)：4.
[③] 中国记协国内部行业自律处. 中国记协媒体社会责任报告工作有声有色 [EB/OL]. 中国记协网，2021 年 12 月 10 日. http://www.zgjx.cn/2021-12/10/c_1310364617.htm.

反转新闻区别于虚假新闻，但两者在一定程度上有所关联。在反转新闻的文本中往往是部分真实的新闻要素，经过舆论发酵后形成某个公众认知 A，但当其他部分的真实新闻要素被公众知晓时往往会形成某个公众认知 B。一般情况下，公众认知 A 和 B 很有可能是相悖的两个结论，或者自相矛盾，因此持 A 观点的受众往往会觉得被"打脸"了。

如下图所示，这样的传播路径体现着新媒体带来的新特征。人人都有麦克风，人人都有公众号，新闻生产的主体多元化，技术的赋权降低了媒体行业的准入门槛，传统的新闻专业主义逐渐式微。新媒体环境为舆论发酵提供了良好的土壤，更多的传播渠道极大地提升了对媒介内容的需求，大量新媒体账号野蛮生长，缺少基本训练的从业人员海量增长。反转新闻不光对新闻当事人造成了巨大的伤害，如网络暴力、人肉搜索等，还会对媒体公信力造成不可挽回的损伤。伴随着反转新闻的屡屡出现，用户媒介素养也不断提升，公众看到有话题性的新闻议题时往往会持有"等等看，有可能会反转"的吃瓜心态。

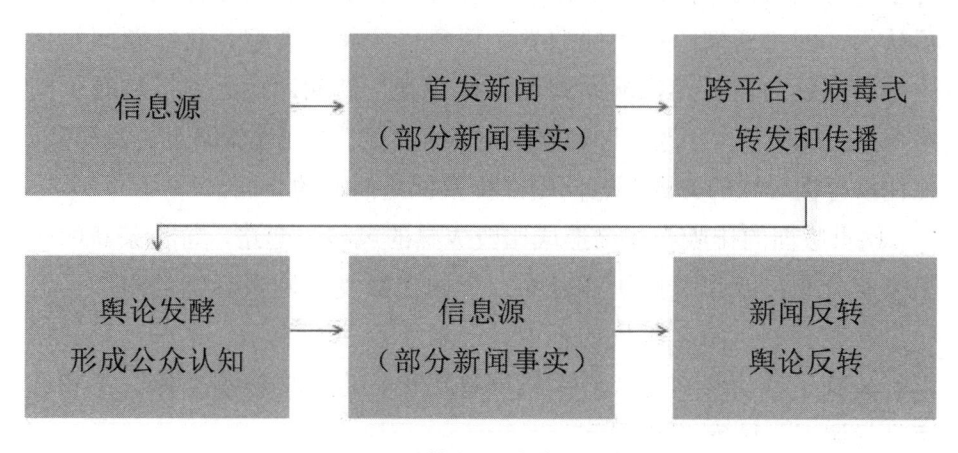

信息源 → 首发新闻（部分新闻事实）→ 跨平台、病毒式转发和传播

舆论发酵形成公众认知 ← 信息源（部分新闻事实）← 新闻反转舆论反转

图 8　反转新闻的传播路径

作者认为，尽量明确交待新闻来源，最好有多个新闻源互相佐证；要告知编辑人员新闻来源的 1~2 种联系方式，以便事实核实；使用社交媒体的新闻源，应反复谨慎核实，并在报道中明确标注出处；尽

量不使用匿名新闻源，必须使用匿名新闻源时，应在报道中如实解释使用匿名新闻源的原因；要主动让编辑人员知晓匿名新闻源的真实身份与联系方式；不公开暴露匿名新闻源的真实信息，但要承担由此带来的一切责任与后果。采访中涉及到的专业领域问题，应与相关专家求证；在引用专家观点时避免断章取义，新闻稿应提前发与专家确认其观点。

二、以标题功能极化为代表的文体失范

越来越多的新闻信息，在争夺越来越有限的注意力。读题时代，标题决定了用户是否点击进去，内容决定了用户将会停留多久，要让用户一见钟情，就要在标题中增加有效信息。而标题党正是指在读题时代过度追逐有限的注意力，利用噱头的标题吸引眼球，以达到增加流量的群体。主要的手段有：渲染情绪、制造矛盾、激起弱点等。

与业界对标题党的热捧相比，学界对标题党有着冷静中立的思考。有学者对四大门户网站的点击率排行榜位居前列的报道标题进行研究后认为，网络新闻中的"标题党"现象已经相当普遍，传统新闻媒体主办的网站与商业门户网站同为"标题党"新闻肆虐之地，相较于网络草根文化中的"标题党"，网络新闻"标题党"在叙述策略上更具隐蔽，往往以含糊暧昧的方式有意向受众提供似是而非的新闻。①

网页版面的排版布局已形成比较成熟的风格与套路，每一条新闻或呈条状分布，或呈豆腐块样分布。标题字数受到网页行宽的限制，但一定会充分利用所在版块的行宽，一般不会多行显示，也不会只占据半行。到了移动终端时代，手机屏幕更小，也是要根据字体大小和行宽进行调试，尽量不要折行。

---

① 王辰瑶，金亮. 网络新闻"标题党"的现状与叙述策略——对8家网站新闻排行榜的定量分析 [J]. 新闻记者，2013（2）：65-67.

一般而言，网络新闻标题字数以 20 个字以内为宜。在网易新闻开展的校园自媒体讲座中，网易的某位编辑在分享制作标题的技巧时称，要将标题写成一个长故事，涵盖尽可能多的戏剧化元素。如下图所示，原本言简意赅的标题，越写越长，如同导语一般。好的标题应该言简意赅地概括新闻的主旨，没有夸张过度，也没有含糊不清，生动传神地起到点睛的作用。

图 9　网络新闻标题的故事化

三、以滥用网络流行语为代表的语言失范

自网络诞生以来，一个新的交流方式赋予了大家新的语言活力，新闻报道中出现了诸多在网络上被广泛使用的网络流行语。现实生活中，

人们常一边嗑着瓜子,一边听人闲聊;在网络论坛中,人们发帖讨论问题,后面往往有一堆人排队跟帖,或发表意见,或不着边际地闲扯。为简便输入,最后简化为吃瓜,不发言只围观的则被称为"吃瓜群众"。网络流行语是网民智慧的结晶,大多形象生动,特点鲜明,朗朗上口,多半来自于电影、电视节目、小说、热门微博甚至网络直播平台。

  2017年12月18日,国家语言资源监测与研究中心发布了"2017年度十大网络用语":"打call""尬聊""你的良心不会痛吗?""惊不惊喜,意不意外""皮皮虾,我们走""扎心了,老铁""还有这种操作?""怼""你有freestyle吗?""油腻"。其中,"你有freestyle吗?"中freestyle是指即兴表演,因某艺人在说唱比赛节目中频繁使用而走红,比赛中的选手常常需要即兴作词表演一段说唱。在新浪网以"freestyle"为关键词搜索,分别获得1574篇标题中含有"freestyle"的新闻。部分新闻因涉及说唱使用了"freestyle"的本意,更多的新闻则望文生义地使用了"freestyle"的衍生义。如《长沙周边游开启"秋日freestyle"》[①],意指长沙周边游的选择十分多;《组图:海上freestyle!克里斯蒂娜摩托艇炫技差点"撞船"》[②],则意指克里斯蒂娜·米兰骑着海上摩托车潇洒地驰骋。

  新闻采访写作实质上是一项靠语言作为工具进行人际交流的活动,其主要特征是准确、通俗、简洁。[③]首先要做到准确地描述,其次还要求语言生动活泼、通俗易懂,最后更要求言简意赅。抓网络流行语蹭热点是增加流量的一种途径,但网络流行语在新闻中的滥用,折射的是从业者的语言表达能力的不足。

---

①长沙周边游开启"秋日freestyle"[EB/OL].新浪旅游,2017年9月13日.http://travel.sina.com.cn/domestic/news/2017-09-13/detail-ifykusey9964857.shtml.
②组图:海上freestyle!克里斯蒂娜摩托艇炫技差点"撞船"[EB/OL].视觉中国,2017年8月1日.http://slide.ent.sina.com.cn/star/h/slide_4_704_220969.html?img=2520214#p=5.
③刘海贵.中国新闻采访写作学[M].上海:复旦大学出版社,2011:123.

四、以图片造假为代表的图片伦理失范

剪裁造假的伊拉克战争战俘照片是在新闻传播教材中反复出现的经典案例。两个美军一个拿枪顶住战俘的头部,另一个给战俘喂水,裁掉左边的美军就显出美军体恤战俘的味道。照片只是局部的真实,而对新闻图片断章取义,则是有意误导受众,让人们对新闻图片所蕴含的意义产生了误解。

在技术普及的当下,用电脑后期处理照片已经不是高深莫测的技术,但同时为新闻图片真实性造假也带来了便利。2011年6月,四川凉山自治州会理县政府网站发布的一则新闻中使用了电脑合成痕迹明显的图片。县领导"悬浮"在一条马路的上方,而图片说明是领导正在检查新建成的通乡公路。一时间在网上引起热议后,会理县宣传部工作人员表示,图片确实是网站工作人员后期合成处理的。

五、网络新闻内容的浅薄化、碎片化

2017年5月至11月间,国内出现了好几桩引发公众舆论热议的悲剧性事件,时间相当紧凑。无论是北电性侵案、杭州保姆纵火案、携程虐童事件、豫章书院集中营,一个舆论热点紧接着覆盖了另一个舆论热点,公众的注意力不断随着热点转移。新闻事实可以被看作具有三个递增的层级:表象(Events)层级,主要指已经展现出的作为动态事件的新闻事实的部分;模本(Patterns)层级,主要指对于事件的内容的深度挖掘;体系(Structures)层级,主要指对于事件背后的社会发展的进一步探索。[1]在注意力被透支的情况下,背后的真相被忽略,只在意最表层的新闻事实,甚至是浮于表象之上的谣言。自媒体营销

---

[1] 吴飞. 新媒体革了新闻专业主义的命?——公民新闻运动与专业新闻人的责任[J]. 新闻记者,2013(3):11-19.

号往往借机渲染情绪，买卖焦虑，以此吸引受众的流量，从而转化为实际的商业资源。我们在情绪高亢的同时，也不断地陷入悲观和厌倦。与此同时，政治阴谋论等观点也甚嚣尘上。断尾新闻的不断重复，使得每次热点事件发生之后，人们往往会有"这件事很快就会被下一个热点取代"的感慨。从根本上说，这种现象的存在是因为人类认知能力的限制——我们的大脑没那么发达，注意力和记忆力都很有限，只能同时关注有限数量的议题，如果有新议题出现，就必须把旧议题抛下。

然而，最可怕的在于这并不是什么新鲜现象，在二十多年前就已经被前人学者研究过了。1977年，麦克姆斯和肖在"议程设置"理论中指出：在同一个时间点上，公众无法接受5～7个以上的议题。1992年，著名的华人传播学者祝建华老师明确提出：议程设置就是一场零和游戏（Zero-sum Game），也就是说，在人们注意力有限的前提下，议题与议题之间存在竞争关系，只有在一个旧议题失去关注之后，新的议题才能获得稀缺的注意力。[①]如下图所示，空心的折线是对财政赤字的关注度，实心的折线是对海湾战争的报道量，二者呈现出明显的此消彼长关系，一方的上升伴随着的是另一方的下降。

---

① Jian-Hua Zhu. Issue Competition and Attention Distraction: A Zero-Sum Theory of Agenda-Setting [J]. Journalism & Mass Communication Quarterly. 1992，69（4）：825-836.

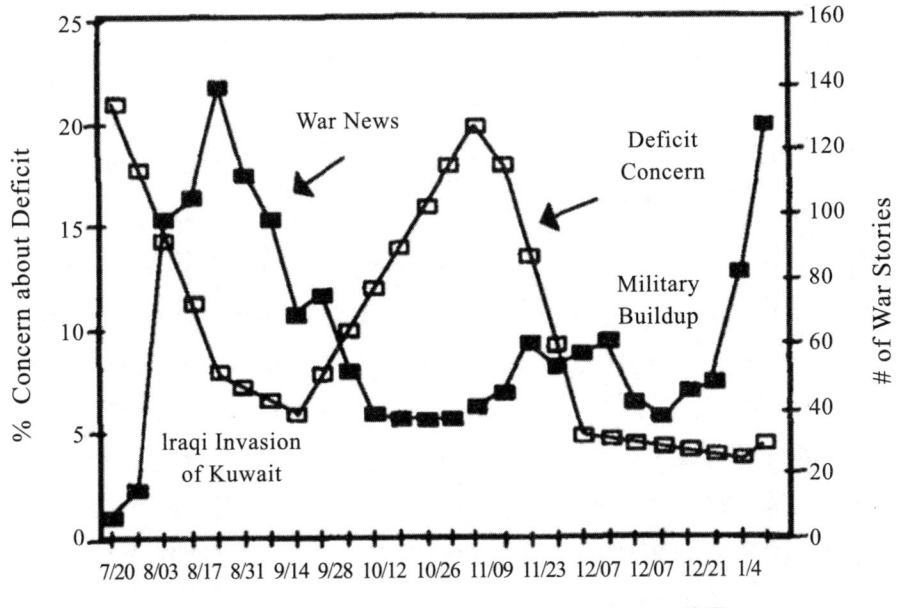

图10　财政赤字的关注度和海湾战争的报道量

1995年，祝建华在和"议程设置"理论的提出者麦克姆斯的合作论文中继续探讨这一现象。他们发现，教育程度提升之后，民众对议题的了解更加广泛了（也就是知道的议题更多了），然而注意力还是那么有限，所以议题之间的竞争就更激烈了，更新换代速度也就更快了，每一个议题能占据注意力的时间更少了。[①]

二十多年后的今天，众声喧哗。信息爆炸时代带来的议题更是不计其数，这种议题更新换代的速度也必然是变得更快了。虽然都很短暂，但不同议题能够占据注意力的时间还是有差异的。有学者发现，如果一个议题和人们的日常生活经验相距较远（例如论文中使用的案例：伊朗问题），那么人们会很有兴趣关注，但是这种议题的生命周期较短，

---

① Maxwell Mccombs, Jian-Hua Zhu. Capacity, Diversity and Volatility of the Public Agenda: Trends from 1954 to 1994 [J]. Public Opinion Quarterly, 1995, 59 (4): 495-525.

也就是说，越切身的议题，人们的关注越持久①。这和五大新闻价值要素②中的接近性是一致的。那么，一个热点究竟能够维持多久的生命力？在社交媒体时代这个问题似乎变得不那么棘手。

2017年6月7日，一网友在新浪微博发布了一段"河南驻马店一女子遭两次碾压"的视频，"这个视频，看得想哭，已经无力生气（2个哭的表情）"③。截至分析时间2017年6月11日14：06，这位网友的微博共收获转发数74307次（其中有效转发71799次）、评论数83061条，点赞数51380个。该条微博覆盖的微博用户高达298560553人，这包括博主与转发者的粉丝数。由对该微博转发评论趋势分析可以得知，在微博发布的一天之后，人们的关注度已经减半；一天半的时候，已基本趋于零。一个社会热点的"半衰期"在一两天左右是正常情况，如果新闻事件后续没有新的发展，那么很可能将永久地尘封在人们的记忆深处了。

至于如何应对这样的情况，祝建华认为公共议程包括利益团体的议程、媒体的议程、受众的议程、政策制定者的议程，以及政策议程这五个组成部分。④这五种议程之间的互动决定了哪些社会议题会得到关注和解决。人的认知能力是有限的，而新的热点议题是源源不断出现的。那么，就需要一种力量和人的遗忘本能去做对抗。然而这种力量应该不仅仅来自于媒体和从业者，因为媒体的性质决定了需要不断关注新

---

① Watt J H, Mazza M, Snyder L. Agenda-Setting Effects of Television News Coverage and the Effects Decay Curve [J]. Communication Research, 1993, 20(3): 408-435.

② 五大新闻价值要素是新鲜性、重要性、接近性、显著性、趣味性。

③ 视频内容显示为一段监视器录像：4月21日19时58分左右，一女子在斑马线上过马路时被一辆出租车撞倒在地，司机逃逸。两分钟左右以后，该女子再遭另一车辆碾压。其间经过的车辆和行人无一上前施救。[EB/OL]. http://t.cn/RSOVk2q.

④ Maxwell Mccombs, Jian-Hua Zhu. Capacity, Diversity and Volatility of the Public Agenda: Trends from 1954 to 1994 [J]. Public Opinion Quarterly, 1995, 59(4): 495-525.

的议题，获取受众的注意力，不能只是长期跟踪几个重要的议题。

诺贝尔经济学奖获得者赫伯特·A.西蒙（Herbert A.Simon）在1971年就曾经指出信息跟注意力之间的对立统一关系：信息越丰富，相应的注意力就显得越匮乏，而在过剩的信息下，如何有效率地对注意力进行分配就成了重点。① 随后，注意力经济学派开始发展，1997年米切尔·高德哈伯(Michael Goldhaber)的论文《注意力经济与网络》（*The Attention Economy and the Net*）成为了该学派的开山之作。

注意力经济（Attention Economy）是信息时代的产物。经济学归根结底是研究稀缺性的学科，其有效性与真实性建筑在对于具有稀缺性的事物的研究与分析上。举例来说，当水是一种触手可及的普遍性资源时，其就不具备稀缺性，也就为所有人所自觉忽略，就像在大部分时间内，处在世界上大部分地区的人们做的那样（如果忽略将普通水资源转化为自来水这一加工步骤的话）；而在沙漠地区，水因其稀缺性就成为极其重要甚至唯一重要的资源。相反的，黄金因其稀缺性而成为重要资源，并更进一步作为一般等价物而可以被用来进行流通和交易，然而假设某天我们突然发现每个人的屋子下面能挖出大量黄金，或者每条河流里面都含有大量金沙，则自然的，黄金将因为其稀缺性的消失而变得一文不值，更不可能担负作为货币来进行交换的职能。

注意力经济就是在稀缺性的基础上提出的概念。在传统时代，信息是稀缺物品，具体来说，由于交通的不便以及文字的不普及，无论是采集、传递还是接受信息都是高成本的事件，尤其以传递为最。因此信息，亦或是有能力产出信息者由于其稀缺性而得到重视，相对的，作为信息的接受者则完全不具备稀缺性。

然而在科技疯狂发展的今日，信息的传输由口口相传发展为文字与

---

① Simon H A. Designing Organizations for an Information-rich World [M]. Baltimore：The Johns Hopkins University Press，1971：40-41.

书籍，又发展为电视广播，再发展为电话网络。在这样的前提下，信息的传输已经是近乎零成本的事件，而信息的产生与提供也变得门槛不再那么高。相对而言，信息的接收者反而成为了具有稀缺性的那一方。人们想要寻找信息已经不再是问题，如何让信息寻找到广大消费者才是值得关注的焦点。由于广告的存在，信息的接收者无缝对接地成为潜在的消费者，信息接收者的注意力，也就实打实地有了转化为真金白银的潜力。在这样的时代，"时间就是金钱"已经不再是一句励志口号，而是实实在在的现实。每一个人的时间都变得更加重要而有价值，因为在充满竞争的市场的作用下，无数的商家正在用尽一切手段将每一个潜在客户的眼睛、耳朵以及一切感官跟他们的荷包迅速确实地联系到一起。

第二节 商业主义冲击下晃动的职业身份

互联网对各行各业的重塑整合是一个创造性毁灭的过程,这个过程会非常辉煌,也非常痛苦,最后的结果可能是难以预想的。①在新媒体发展蓬勃的今天,传统媒体面临的挑战将日益严重,组织重构与流程再造冲击着媒体从业者的切身利益,新技术的快速迭代和商业模式的创新迭代带来的新闻生产的新逻辑,改变着媒体与从业者既有的价值观。技术为从业者带来了助力,扩大了新闻实践的空间和可能,算法可以更精确地将内容匹配给更多的目标受众。但同时,也让新闻从业者尴尬逼仄:"互联网革命下,商业大潮奔腾而至,如何传承新闻媒体作为时代的瞭望者、社会把关人的角色?如何在坚守公共利益的同时求得商业上的发展?"②

一、被商业主义统合的职业身份

"新闻民工"是指一些被聘用的记者,按稿计酬而不能享有编制内同仁的福利。还有学者认为,传统新闻单位编制以外的聘用记者(有合同或者没有合同)、新兴都市类或网络类新闻媒体的年轻记者,还有一些处于新闻媒体边缘的"职业新闻报料人",与编制内记者之间的地位差别,几乎类似农民工与城市职工之间的差别,因此自称为"新闻

---

① 胡舒立. 2014 世界互联网大会"新媒体新生态"分论坛演讲实录:新媒体与防火墙[EB/OL]. 阿里云,2015 年 3 月 6 日. https://www.aliyun.com/zixun/content/2_6_1635605.html.

② 同上。

民工"。在基本收入和福利没有得到保障的前提下,按件计酬的工作考核方式,让记者疲于为生计而奔波忙碌,如"民工"一般辗转在媒体不断商业化的环境中。本节将从媒体从业者的身份角度阐释个体在转型背景下,从"无冕之王"到"新闻民工"这一身份转变中的失范与焦虑。

根据国新办的分类,国内新闻网站主要有三类:一类为政府主办,如北京千龙网、上海东方网等,可简称为"政府网站";第二类由新闻机构主办,如新华网、人民网等,可简称为"媒体网站";第三类主办方为各路资本,新浪、腾讯、网易等皆属此列,可简称为"商业网站"。此三类分别简称为"政府网站""媒体网站"和"商业网站"。三类新闻网站的差异主要体现在"采访权"和"商业化"两方面。三类互联网新闻从业者之间资源的不对等,形成了一种割据的逻辑和诡异的歧视链。新闻职业内部的逐渐分层,辅以人员流动的日益加剧,形成了全新的利益分配体系,让传媒行业变得更加逐利。

另外,技术还促使一批新闻业新兴岗位的出现。这些岗位孕育于融合媒体时代,秉承"受众至上"的传播理念,旨在吸引受众并提高他们的互动参与率。有学者介绍了美国众多知名新闻媒体设置了十大新兴岗位[1],包括受众分析员(audience analyst)、参与编辑(engagement editor)、应用技术创新引领员(creative lead of applied technologies)、社交媒体和社区编辑(social media and community editor)、社会发现总监(director of social discovery)、移动项目经理(mobile project manager)、消费体验总监(consumer experience director)、直播编辑(live

---

[1] 宋毅. 美国十大新兴新闻岗位,趋势![EB/OL]. 微信公众号"传媒内参",2017年7月1日. https://mp.weixin.qq.com/s?src=11&timestamp=1512321222&ver=552&signature=5t7BE1DN2v36Cf5ZVu0xIVnAUYxAfqskcUTd9i8a7pC7jchWLbElUDpfqBR*6kCnKywdXda2gDKChmupWc91YA*BBLoIACTWp3tHKy4uZYhPxjhQFfXxoF2Z7iWWSLrd&new=1.

editor)、创新实验室主任（head of innovation labs）和虚拟现实编辑和拼接员（VR editor and stitcher）。从职位的名称来看，大部分都与新兴技术紧密结合，如VR、社交媒体、直播等；还有将工作流程中的某些职能独立分工出来，如受众分析、消费体验、社会发现等；还有移植了项目制组织中的命名方式替代了传统新闻编辑部的"总编—编辑"式，如体验总监、项目经理等。

而我国也有类似的情况。传统上一般在工商管理中比较常见的位置，诸如产品经理之类，逐渐在媒体的组织架构中流行起来，于是旧位置纷纷获得了新的名号，充满旧时代气息的新闻部主任成了工业化流程中的产品经理。[①]这些职位的变动主要是在于挖掘用户的使用需求，提升用户的使用体验。职位名称的改变，本质是将媒体内容当成产品，用项目制的工作流程，更有效率地将用户需要的内容精准地推送给他们。当企业管理手法大规模在新闻业内被采用时，读者被重新定义成为顾客，新闻被简单地看作商品，发行量和区域则被纳入市场的讨论范围之中。旧有的名词，正在逐渐被充满商业逻辑下的概念代替。随着自媒体时代的到来，媒体正在"去边界化"，内容传播本身也在"去中心化"。媒体从业者将在原来媒体平台中积累的声誉和名望转化成社会资本，通过车马费、有偿新闻、业务咨询、创意策划等其他形式将其变现。香港大学新闻及传媒研究中心总监陈婉莹认为车马费是一种尴尬的存在，甚至于将其提升到腐败的高度；而中国传媒大学博士生导师、《现代传播》责任编辑张国涛则认为在此问题上需要区别对待，具体分析：在时政舆论等方面需要高标准严要求，而在娱乐体育等方面则无需过度苛责。[②]

[①] 李艳红，陈鹏."商业主义"统合与"专业主义"离场：数字化背景下中国新闻业转型的话语形构及其构成作用[J]. 国际新闻界. 2016（9）：146.

[②] 李星伫.《传媒》观察第14期：记者"车马费"的前世今生[EB/OL]. 新浪网传媒频道，https://news.sina.com.cn/z/jzcmf/?qq-pf-to=pcqq.c2c.

二、职业身份与社交媒体身份的冲突

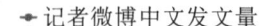

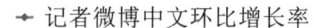

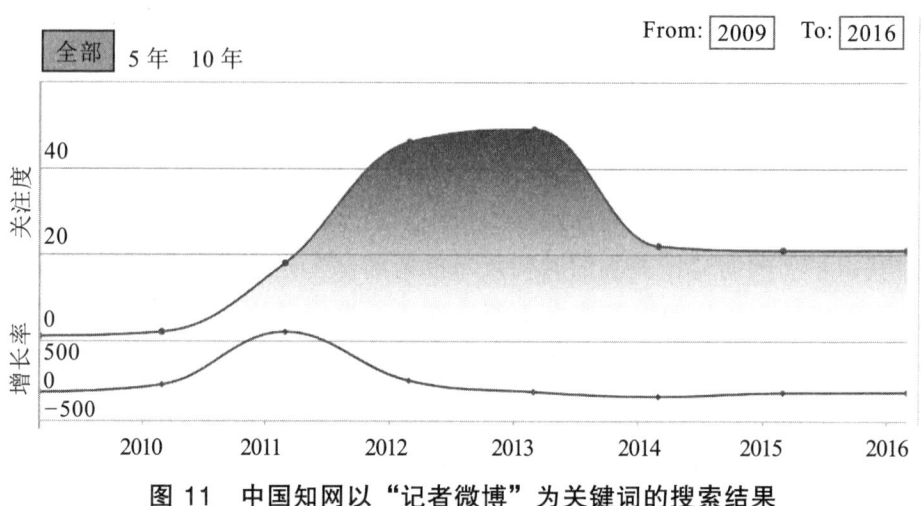

图 11 中国知网以"记者微博"为关键词的搜索结果

如上图所示,在中国知网以"记者微博"为关键词搜索,可以发现学界对其研究的热度起于 2010 年,这些论文主要以记者的社交媒体(以微博为代表)上的话语表达为研究对象,关注其对新闻生产带来的影响。论文数在 2013 年达到最高值,之后迅速下降并维持在每年二十多篇的水平。2013 年 4 月,国家新闻出版广电总局发布《关于加强新闻采编人员网络活动管理的通知》,其中第 4 条明确规定了任何新闻采编人员不能在未取得其所在单位同意的情况下设立职务微博,且未取得批准的前提下不被允许发布任何通过职务渠道所取得的信息。[1] 也就是说,在 2013 年后,新闻从业者们基本都在单位备案了个人的社交媒体账号,在网络上的自我表露也相对谨慎与克制。

---

[1] 国家新闻出版广电总局. 关于加强新闻采编人员网络活动管理的通知 [EB/OL]. 2014 年 6 月 10 日. http : //press.gapp.gov.cn/reporter/contents/250/205900.html.

纪许光因爆料不雅视频案件在社交媒体上引发了热议，因其高调的话题性获得受众的热切关注。而新闻业同行就爆料该案件提出了批评看法："对纪许光并未查证爆料人提供的信息，抢先在微博高调公开举报；……纪许光已从南都离职，却冒充《南方都市报》记者，动机不纯；纪许光多次炒作死亡威胁，有借此扬名之嫌。"①

2013年底，《中国新闻出版报》将纪许光评选为年度最具争议"记者"并点评道："且不论高调反腐这种行为对错与否，如果从新闻专业角度来考量揭黑反腐固然是媒体人的职责，但就新闻伦理而言，高调让新闻人成为新闻当事人则不应该是专业媒体人所为。"②普通群众对与此类事件并不会在意新闻制作的过程是否符合职业伦理、是否规范，但给媒体人带来的思考是："'我'的角色是什么，'我'应该怎么做？"③中国政法大学牵头编写的《媒体人新闻业务守则》中第35条第一款和第三款明确指出，新闻工作者在使用社会化媒体时，要尽量与自身的职业身份割离。在身份被识别的情况下，发布的观点和立场不得与其本身单位有矛盾冲突。总的来说，要遵守"内外有别"的原则。④

三、网络编辑的自我矮化

2012年，新版《新华字典》收录了很多来自社交媒体的俚语和网络语言，《纽约时报》和《时代》周刊都曾给与关注，认为这些新词体现了中国时代的变迁。网络尤其是社交媒体的迅猛发展，直接促进了语言的发展，使其变形、变异出新的网络语言并渗透融入人们约定俗

---

①冯军.纪许光的荣辱[EB/OL].冯军槐溪先生的博客，2012年11月25日.http：//blog.sina.com.cn/s/blog_6aff93030101bl1t.html.

②中国新闻出版报.媒体年度盘点 纪许光成最具争议"记者"[EB/OL].南都网，2012年12月12日.http：//news.nandu.com/html/201212/12/8639.html.

③同上.

④《媒体人新闻业务守则》编写组.媒体人新闻业务守则[M].北京：中国政法大学出版社，2015：29.

成的表达习惯中。词语的淘汰、变迁和留存，这背后蕴含着丰富的社会与文化意义。缩略语就是新词中的一种类型。近年来，各式自媒体甚至是传统媒体的新编辑纷纷自称起"小编"来，用户也经常在互动沟通中使用这个词作为称呼。"小编"一词作为"小编辑"一词的简称，极大地丰富了其内涵，拓宽了其外延。"小编辑"除用作谦称外，常常与"老编辑""大编辑""大记者"等词语义相反，指代自己或他人，表达经验不足、名气不大、社会地位不高等含义。厘清"小编"在不同的媒介发展阶段的含义、演变过程和影响，伴随着媒体不同的媒体发展时期，能折射出新闻语境的变化。

首先，作为传统媒体编辑指代自己的谦称。"小编"并非是新媒体崛起以后的新词，20世纪90年代末的电脑游戏杂志和消费类杂志，因编辑们往往较为年轻，使用"小编"作为一种自称，意为"小小的编辑"，拉近与读者之间的距离。如，1998年《大众软件》首页的编辑部报告中："杂志已进入匆匆忙忙的印前制作后期工序，小编们在屋里来回来去忙作一团"。[1]

其次，作为职业性/专业性不足的暗示。2011年06月《人民日报》首次出现"小编"一词。那时候中国互联网还处于博客时代，微博客和轻博客都是比较新鲜的概念。作为国内版Tumblr的点点网，"以传统的杂志作比，点点网每个用户都像一名'小编'，有一本属于自己的个性杂志。……网站则根据用户活跃度和博客质量自动产生'首席小编'。"[2]在用户生产内容（UGC，User-Generated Content）的模式下，平台的用户既可以是信息的接受者，也可以是信息的提供者，他们不一定拥有新闻传播类的专业背景，也未必以生产内容为职业。"小编"也许是较为恰当的称呼，符合平台和受众对这个角色的定位。

---

[1] 编辑部报告[J]. 大众软件. 1998（5）：卷首语.
[2] 杨丽娟，王舒怀. 微博客未走，轻博客又到[N]. 人民日报，2011年06月14日第14版.

第三章 媒介转型背景下网络新闻伦理失范

再次,作为体现服务意识的表达方式。"亲们,小编整理了……铁路客票代售点的具体地址,请收藏。"① 内蒙古呼和浩特铁路局官方微博"呼铁宣传"在春运前夕根据旅客出行需要整理了火车票代售点的信息。在此条微博文案中,"亲""小编"的运用拉近了传播主体与客体的关系。"亲"是"亲爱的顾客"的简称,亲昵的称呼润滑了电商客服与顾客的利益关系。受到电商的影响,这种巧妙的化解被移植到了编辑与读者的关系中,"它放弃了对影响公众乃至驯化公众的责任,'小编'的角色只需要去取悦、讨好、撒娇、卖萌,类似于服务员的角色。②"

最后,作为文化消费品的"小编"。"小编"一词作为大众网友的消费对象,由网易新闻客户端起源。网易新闻提出"有态度的新闻"的口号,以新闻理念来诠释和定义门户新闻业务,与以新浪为代表的门户新闻超市模式(News Market)做了差异化品牌定位,"一方面解决识别问题,一方面尽量对内有一定方向性的业务指导。"③ 网易新闻客户端《每日轻松一刻》《今日之声》等品牌原创栏目通常有图文、语音和视频三种形式,从"小编"第一人称视角,将热点新闻和网络段子、网友热评、表情包图片等用吐槽风格的文字串联起来,对社会热点事件进行娱乐化解读。原创组编辑和网友沟通互动时也往往自称小编,不断塑造出了主编、胖编、主编表侄女、孱弱小编海同学等个性鲜明的小编形象。《每日轻松一刻》up bang(上榜)功能顶置热门评论,通过小编对用户评论的议程设置,进一步增加了用户的黏合度和活跃度。同时,"小编"这个网络表达已逐渐被网易官方收编,如《那些年,你们黑过的小编》

---

① 贺勇. 呼和浩特铁路局微博"出行微攻略"让您不再"囧途"[N]. 人民日报, 2013年2月7日.

② 陶小路. 媒体编辑不应该在社交平台上自称"小编"? [EB/OL]. 新闻实验室微信公众号, 2016年11月24日. http://mp.weixin.qq.com/s/8cM-8xkpPGp4YGNrIPTNCg.

③ 唐岩. 网易"有态度的新闻"是谁提出来的?为什么?[EB/OL]. 知乎, 2011年12月19日. https://www.zhihu.com/question/19656740.

一文中网易编辑列举了易友们恶搞小编的四大"罪证"①，如网易新闻客户端招聘公告提及"不附送主编侄女"②等。

如果说网易新闻是在动态的媒体实践中被动地实现了对"小编"的消费，那么，在社交媒体中，公众号的账号人格化加剧了这个趋势。公众账号的人格化策略本质上是印象差别化，是差异化营销的一种手段，注入了更多细节的人物形象远比一个账号更有生命力，也更容易和受众产生情感连接。首先往往会根据账号的特点取一个昵称，要具有亲和力和一定的品牌联想度；给这个昵称赋予性格，可以是人，是男孩或女孩，也可以是小动物，真实物种或虚拟物种；在日常的运营中带入设定好的角色，拟人的性格特征要基本衡定，从 logo 到文章风格到与受众的互动都要凸显账号的调性。点对面的传播模式也随之悄然转化为以点对点的对话式沟通。社交媒体的碎片化阅读催生了人格化、娱乐化和视觉化的话语方式。另外，官方账号与同类品牌账号或跨界组合卖萌，制造话题，常常以"cp"③的人物设定对受众卖萌，不少政务类官微（官方微博和微信账号）一改以往语言严肃刻板、更新频率迟缓的状态，为了更好地实现政务沟通而卖萌。

可以说，作为文化消费品的"小编"，其诞生及成长是媒体、从业者和受众三者合力参与建构的。《东方历史评论》编辑陶小路认为："在新媒体、自媒体时代，许多并没有受过纸媒时代一个编辑人员所受过的严谨训练的人开始从事与编辑相关的工作，这应该是'小编'这个词流行的基本原因。"④

---

① 网易. 那些年，你们黑过的小编 [EB/OL]. 网易新闻，2013 年 07 月 15 日. http://gov.163.com/13/0715/22/93RVV7QQ00234IUG.html.

② 峰子.【网易招聘】网易新闻客户端招募"轻松一刻"小编啦 [EB/OL]. 豆瓣网，2013 年 07 月 28 日. https://www.douban.com/group/topic/41891084/.

③ Coupling 简称 cp，源自日本 ACG 圈，指将动漫作品中的角色进行恋爱关系的配对。现在这一用法已延伸到其他领域，泛指人物关系的配对。

④ 陶小路. 媒体编辑不应该在社交平台上自称"小编"？[EB/OL]. 新闻实验室微信公众号，2016 年 11 月 24 日. http://mp.weixin.qq.com/s/8cM-8xkpPGp4YGNrIPTNCg.

第三节　智能传播时代的技术冲击

现如今，谈及新闻媒介，新闻聚合类媒体是无法回避的。新闻聚合类媒体（News Aggregator）作为网站或新闻客户端，是一种新型的内容供应商，其信息渠道通常来自互联网，获取信息后能进行加工和整合。

在新闻门户时代，门户网站聚合传统媒体的新闻；在移动社交时代，新闻聚合类网站或 App 聚合传统媒体和门户网站的新闻。以今日头条为代表的新闻聚合类新闻媒体，已深刻地改变了新闻生产的流程与媒介生态，提高了新闻内容分发的效率，给传统新闻媒介带来了很大的冲击。毫无疑问，今日头条的流量是建立在对传统媒体优质内容的收割上的。它对传统媒体动辄成千上万条新闻的版权争议，是建立在网络内容侵权行为的模糊监管状态下的。

一、新闻聚合窃取了传统媒体的成果

自今日头条问世以来，版权问题一直是人们关注的重点。21 世纪网科技频道曾撰文指出，"今日头条"融资 1 亿美金是"窃贼"的胜利，记者们都成了那垂头的麦穗，等待着大数据的镰刀来收割，却拿不到应得的版权费用。[1]张一鸣认为，这些争论的背后其实是大家对价值的不同理解产生的巨大的"间隙"，单纯的内容买卖不是有利于生态的做法。[2]他表示，今日头条的运作模式是通过推荐为媒体导流，媒体有了

---

[1]战瑞琬.且慢欢呼，1 亿美元够不够"今日头条"买版权？[EB/OL].深蓝财经，2014 年 6 月 4 日. http://www.mycaijing.com.cn/news/2014/06/04/6339.html.
[2]张鹏，张一鸣.「今日头条」张一鸣：我怎么看内容的未来[EB/OL].极客公园，2014 年 6 月 12 日. http://www.geekpark.net/news/206170.

流量后自然可以找到变现方式，今日头条是版权模式终结者，要和媒体做朋友。①

国家版权局于 2015 年 4 月 17 日发布的《关于规范网络转载版权秩序的通知》，标志着网络转载版权秩序将得到进一步的有效规范。此后，今日头条陆续与数千家传统媒体签订了版权合作协议，将共同努力营造健康有序、合作共赢的版权合作环境。这标志着今日头条与传统媒体从"新闻搬运"向合作共赢的关系转变。

尽管如此，媒体平台间的侵权活动仍在大量上演。《新京报》在 2014 年 3 月发布了，表示对媒体机构和营利性组织（包括官网网站、移动客户端、官方微博和微信等平台）未经授权擅自使用新京报版权作品及新闻的行为提出警告，并公开曝光。（图 12）截至 2017 年 8 月，公告已发布了 41 期，每一期都详细地描述了侵权的媒体名称、链接、内容和侵权的截图。国家版权局办公厅于 2015 年 4 月 22 日发布的《关于规范网络转载版权秩序的通知》，再次强调了版权问题。在互联网媒体上，任何在未获版权所有者授权并且支付报酬前提下的转载都将遭到处罚。随后，《南方日报》《南方都市报》《界面》《凤凰周刊》《财新网》等媒体也开始通过官方网站或微博、微信公众号平台持续发布反侵权公告。对于媒体以强硬姿态密集发布反侵权公告，有人认为是尊重版权、维护自身权益，对规范行业发展有重要意义，也有人认为传统媒体应放下对新媒体新技术的傲慢心态，开放包容才能借力将优质内容最有效地传播出去。

---

①田淑娟. 张一鸣回应版权纠纷 要和媒体做朋友[EB/OL]. 财新网，2014 年 6 月 4 日. http://companies.caixin.com/2014-06-11/100689194.html.

第三章　媒介转型背景下网络新闻伦理失范

新京报反侵权公告
【(2014)第一期】

近期，部分媒体网站、移动客户端、官方微博和微信等违反《中华人民共和国著作权法》《信息网络传播权保护条例》《互联网信息服务管理规定》等法律、法规，未经新京报书面授权，擅自转载新京报及新京报网上刊发的作品（含新闻信息），已涉嫌违法，并严重侵犯了著作权人的合法权益。

为规范网络转载行为，制止非法侵权转载，现【新京报】郑重公告：

任何媒体机构及营利性组织，凡在官网网站、移动客户端、官方微博和微信等平台上使用新京报拥有版权的作品及新闻信息，须事先取得新京报的书面授权后方可使用和转载。

任何媒体机构及营利性组织，未经书面授权擅自使用新京报版权作品及新闻信息的，新京报将予以警告，并定期在新京报公告涉嫌侵权网站及媒体的行为。

对于警告无效者，新京报将采取包括但不限于向国家新闻行政主管部门举报，向人民法院提起侵权诉讼等多种措施，以维护著作权人的合法权益，届时产生的一切后果由侵权人承担。

对于以上违法侵权行为，任何单位及个人均有权予以举报，我们将对举报者的相关信息予以严格保密。举报信息一经查证属实，我们将予以一定的奖励。

新闻作品版权事务联系电话：010-67106089

阅读新京报原创内容，请关注新京报官方微博及微信，或安装新京报数字版客户端、新闻App(详情点击 app.bjnews.com.cn)。

新京报社
2014年3月26日

图12　《新京报》第一期反侵权公告

在推行媒体企业管理化之前,新闻媒体由财政拨款,各媒体单位之间没有经济利益,那时,内容并没有成为决定核心竞争力强弱的关键,互用新闻作品有时是一种理所当然的应当。当下,中国新闻媒体的双重属性给一切带来了变化。事业属性,限制了媒体在市场运作上的手脚,但其企业管理的属性又要求媒体自主经营自负盈亏。在门户网站刚兴起时,也有过把免费使用传统媒体的新闻作品视为理所当然的历史阶段。2009年,浙江在线应诉《新京报》索赔200万案时表示:"媒体网站之间交换使用稿件是大家基本认可的不成文惯例,《新京报》此举实在有些不合情理。"[1] 转载《新京报》的稿件,"是因为它属于光明日报集团,党报集团之间,包括转载子报的稿件,都一直是默认互换"[2]。体制改革之后,媒体之间市场竞争日趋激烈,新闻作品被赋予商业价值,作为竞争中的"稀缺资源"不再默认互换。

不良媒体敢于侵权转载的原因还有一点,新闻到底有没有著作权,这也是经常被提及的一个盲点。《著作权法》中明确规定,时事新闻是客观存在的事实,并不是"作品",不能受到著作权法的保护;但对客观事实进行独创性的表达,如新闻事件分析、新闻评论等则受到著作权法的保护。法律局限性造成了维权操作时的困难。具体到实践层面中,海量的内容中难觅侵权踪迹,侵权行为成本低而惩处力度不大。2007年,新京报起诉浙江在线非法转载7000余篇稿件,法院认为应将此案拆分为7000余个案件逐个起诉,一篇新闻作品的侵权赔偿通常只有几十元,与诉讼成本(包括公证费、律师费成本)严重不对等,随后新京报撤诉,双方协议和解。[3] 司法解释的不确定使得维权难度加大。各种因素综合

---

[1] 邱敏,杜安娜. 新京报诉浙江在线网站侵权索赔200万 [EB/OL]. 新浪网,2009年7月17日. http://news.sina.com.cn/c/2009-07-17/041618238307.shtml.
[2] 同上。
[3] 同上。

在一起，新闻内容维权难度太大，网络新闻版权秩序的有效规范仍是任重而道远。

二、算法无限追逐着用户的需求

内容智能分发平台通过聚合海量新闻资讯，进行移动化传播，组合多种社会信息服务模块，升级为综合信息服务系统，导入用户生产内容并实现用户主导内容消费完成价值创新，使其取代传统媒体成为用户接触社会信息的重要入口。与此同时，内容智能分发平台的价值创新活动面临内容质量上缺乏保障、基于算法推荐匹配结果的不完善、消解新闻业社会整合功能等方面的挑战。依赖社交媒体的内容智能分发极易导致群体极化。在错综复杂的媒介转型的叙事中，编辑和算法之间的矛盾愈发明显，前者被说成是议程设置的操盘者和价值观的强加者，后者带来的后果被隐喻成"信息茧房""回音壁"和"过滤气泡"，成为群体极化的始作俑者。

作为发展势头最为猛烈的移动新闻客户端的创始人，张一鸣是做互联网创业的，"做的是产品技术"，直白地与媒体人划清界限；他认为今日头条是"一款基于数据挖掘的推荐引擎产品，结合了搜索引擎、数据挖掘、机器学习等技术"[1]，"肯定不是一家媒体公司，是一家具有媒体属性的技术公司"[2]。当时的今日头条拥有员工500多人，工程师居多，有200多人；职能岗位、销售岗位和运营岗位各有100多人。与传统新闻机构媒体人员居多的人员构成比例相比较，张一鸣认为二者"有着本质的不同"。[3] 在张一鸣看来，传统意义上具有媒体属性的

---

[1] 张一鸣. 机器替代编辑？：新媒体"今日头条"的活法 [J]. 传媒评论，2014（3）：36.

[2] 吴丽. 创始人张一鸣说：今日头条不是一家媒体公司，而是一家技术公司 [EB/OL]. 好奇心日报，2015年4月29日. http：//www.qdaily.com/articles/9019.html.

[3] 同上。

技术公司是门户,然而门户的存在并不足以构成威胁,"今日头条(的流量)相当于是搜狐加新浪加凤凰移动端的总和"①。作为"全球最早依靠机器学习来做个性化分发的信息平台"②,做的是新闻信息的流通环节,而不是内容生产环节。"你关心的才是头条",今日头条是要努力为用户提供千人千面的页面,围绕个人的兴趣提供个性化的新闻。今日头条与传统媒体共生共赢,"为业界带来了一条拥有海量用户的内容分发渠道,基于用户的兴趣,我们也能够让内容创作者看到透明的数据,让透明的数据化显示出媒体真正的影响力"。③

"受众"有被动的含义,媒体将其看作信息的被动接受者,而张一鸣倾向于称呼这个群体为"用户",站在用户的角度思考问题。用户是聚合类新闻客户端 slogan 的共同核心元素,如一点资讯的"私人定制"、天天快报的"看你想看 说你想说"、Flipboard 的"你的专属杂志"。今日头条也不例外,"你关心的才是头条"。以往的信息传播模式是单向的,媒体提供什么样的信息,人们才能接受到怎样的信息。而互联网时代的信息则是双向的,更是互动的。在移动互联网的年代,随着时间、场景和地点的变化,信息更是需要不断更新。④根据用户的"普遍需求和核心需求"提供信息,技术和理念的变化带来了新的推荐和定制模式。当用户使用社交媒体账号登陆今日头条时,用户的多角度信息如手机品牌、关注人群、好友信息、评论/转发/点赞收藏等,会抽象成一堆不同维度的标签。围绕这些标签,系统为用户推荐信息,同时根据用

---

①吴丽. 创始人张一鸣说:今日头条不是一家媒体公司,而是一家技术公司[EB/OL]. 好奇心日报,2015 年 4 月 29 日. http://www.qdaily.com/articles/9019.html.

②今日头条:今日头条回应"人民网三评算法推荐":正视不足,勉力前行[EB/OL]. 澎湃新闻,2017 年 9 月 21 日. http://www.thepaper.cn/baidu.jsp?contid=1801874.

③张一鸣. 机器替代编辑?:新媒体"今日头条"的活法[J]. 传媒评论,2014(3):40.

④张一鸣. 机器替代编辑?:新媒体"今日头条"的活法[J]. 传媒评论,2014(3):37.

户的阅读痕迹包括阅读时点击哪些主题的新闻、停留时长、分享情况等，不断优化推荐的算法。随着用户的使用次数和使用频率的提升，系统能更清晰地摸索出用户的兴趣，产品也会更加智能和人性化。

2017年9月18日至20日，人民网连续发布了三篇署名"羽生"的文章批判算法新闻。因其是中央重点新闻网站，坚持"权威、实力，源自人民"的理念，今日头条也很重视这组文章，特意给出了回应文章《正视不足，勉力前行》。在《人民网一评算法推荐：不能让算法决定内容》中，人民网指出"技术、代码、算法替代了传统内容分发过程中专门把关内容的编辑……（能不能抓眼球、能不能吸引用户）单一的标准不仅容易忽视优质内容更为丰富的面向和维度，也增加了把关内容产品的难度和成本。"[1]《人民网二评算法推荐：别被算法困在"信息茧房"》指出，算法让用户更加关注自己感兴趣、感到认同的熟悉，让用户看到自己想看，最终"在不断重复和自我证成中强化了固有偏见和喜好"[2]。《人民网三评算法推荐：警惕算法走向创新的反面》提醒"智能信息平台带来的最大问题，可能还不是侵权，而是走向创新的反面，甚至可能从根上破坏创新的源动力。"[3]

美国学者凯斯·桑斯坦（Cass R.Sunstein）在其著作《信息乌托邦》（*Infotopia*）中提出了"信息茧房"（Information Cocoons）的概念。他认为，在网络信息传播中，公众会将自身桎梏于像蚕茧一般的"茧房"中的根因在于，公众对自身的信息需求认知并不完整，更未必理性，公众容易止步于自己感兴趣的，或者容易使自己愉悦的信息领域之中。[4]用户被

---

[1] 羽生. 人民网一评算法推荐：不能让算法决定内容[EB/OL]. 人民网，2017年9月18日. http：//opinion.people.com.cn/n1/2017/0918/c1003-29540709.html.

[2] 羽生. 人民网二评算法推荐：别被算法困在"信息茧房"[EB/OL]. 人民网，2017年9月19日. http：//opinion.people.com.cn/n1/2017/0919/c1003-29544724.html.

[3] 羽生. 人民网三评算法推荐：警惕算法走向创新的反面[EB/OL]. 人民网，2017年9月20日. http：//opinion.people.com.cn/n1/2017/0920/c1003-29545718.html.

[4] [美]凯斯·桑斯坦. 信息乌托邦[M]. 毕竞悦，译. 北京：法律出版社，2008：8.

束缚在算法制造的信息茧房和过滤气泡中,不少国内学者从这个视角对算法新闻进行了考察与批判。姜红认为算法挑战了传统新闻业的"公共性",使用户置身于"信息茧房",造成人与人之间的区隔。①

今日头条在回应"人民网三评算法推荐"的文章中说:"机器学习和人工编辑,在现阶段,是相辅相成的。未来也是如此。再聪明的人工智能,也只是一个需要不断升级的工具,而人是不可替代的。这是一个不断磨合和优化的过程。这也是人民网三篇评论的价值所在。"②

在错综复杂的媒介转型的叙事中,编辑和算法之间的矛盾愈发明显,前者被说成是价值观的强加者,后者被说成是"信息茧房"和群体极化的始作俑者。人工智能并不是魔术,机器的"智能"是人赋予和定义的。无论是写新闻的机器人,还是做个性化推荐的算法,还是机器人水军,其实都是人写出来的。掌握算法的人,按照他的思路和价值观,来决定机器根据怎样的规则来运行。比如,为什么会有信息茧房?因为写算法的人,把算法写成了"你爱看什么就给你看更多什么"。如果他写成"你爱看什么,就偏不给你看什么",那问题其实就不存在了。当然,这样的产品也不会有人愿意用的。但至少可以写成"你爱看什么,我给你看什么,但我也时不时偷偷塞点你不太喜欢的东西给你"。

所以,对信息的支配权并不是从专业人士手上转移到了机器手上,而是从专业人士手上,转移到了编写算法的人手上。归根到底,人工智能反映的还是背后的人的需求和价值观。那么,在这个案例中,人的需求是什么呢?今日头条是一家创业公司,它需要的是好看的数据,需要的是用商业前景在资本市场上说服人。在这样的需求驱使下,它的算法自然会被写成尽量提高用户活跃度的那种,并不会太多去考虑

---

① 姜红,鲁曼.重塑"媒介":行动者网络中的新闻"算法"[J].新闻记者,2017(4):26—32.
② 今日头条回应"人民网三评算法推荐":正视不足,勉力前行[EB/OL].澎湃新闻,2017年9月21日.https://www.thepaper.cn/newsDetail_forward_1801874/.

对社会的公共影响（当然，谣言和垃圾信息过多时，会影响用户活跃度，因此它也会去打击）。换句话说，让用户欲罢不能、天天使用，才有商业前景；至于让人获得更全面、更多元、更优质的信息，让社会不要进入信息茧房，让人们更理性，这些社会效益上的考量并不一定能转化成商业收益和投资，自然也就不被摆在公司发展的首要位置。

涂尔干在《职业伦理与公民道德》中指出，"任何能够在整体社会中占有一席之地的活动形式，要想不陷入混乱无序的形态，就不能脱离所有明确的道德规定。一旦这种力量被释放出来，就无法将其自身引向正常的发展，因为它不能指出究竟在哪里应该适可而止。"[1]所以，这个锅与其让算法来背，不如让现行的商业体系来背。如果我们对一家商业公司的评价能够加入更多的维度，更多地考虑对社会的公共影响，而不是仅仅遵从市场逻辑，那么写算法的人自然会作出调整。

三、盈利模式侵犯了用户的隐私

网络新媒体依赖其在传播上的独家巨大优势，成为了传统媒体的巨大威胁。网络新媒体从边缘到主流的发展背后，相应的就是传统媒体亦步亦趋的萎缩。依赖广告为主要收入的传统媒体遭遇了受众和广告商被严重分流，其旧有的二次再售卖模式再也无以为继。"当今新闻业式微既不在于新闻生产，也不在于新闻运营，而在于独木难支，缺少赢利的产品和商业模式的新闻业走向没落是必然的。"[2]盈利模式的艰难探索，伴随着媒体生死存亡的每一时刻。许多提供原创新闻报道的传统媒体试图通过对在线内容实行付费阅读的方式设立阅读门槛，由原本线下的订阅转化为线上的付费墙（Pay Walls）业务。继盈利方式探索无望之后，转向直接或间接的商业策略，有些传统媒体开展新的

---

[1] [法] 埃米尔·涂尔干. 职业伦理与公民道德 [M]. 渠敬东，译. 北京：商务印书馆，2015：12.
[2] 谭天，王俊. 新闻不死，新闻业会死 [J]. 新闻爱好者，2014（12）：18-20.

战略定位来争取获得融资；有些传统媒体用提供服务型信息来替代传统的新闻报道，创办各种不同类型的特殊新闻网站，比如"门户社区""垂直"网站和聚合模式（用收集组合来代替原创）的新闻网站；有些传统媒体更进一步，直接转型为游戏或其他盈利产业。此外，大部分传统媒体也在寻求或拓展除广告之外其他的商业模式，以探索广告销售以外的商业价值：有些尝试推出更多产品，以服务替代广告，以数据进行营销；有些使用大数据挖掘技术，尝试探索用户规律，分析内容需求，以达到精准识别，增加黏度的目的；有些另辟蹊径，尝试改变内容为王的传统观念，走出一条不同的道路等。[①]其中，原生广告（Native Advertising）是被目前网站和移动客户端付费广告采用的主要模式。本节将重点介绍原生广告这一盈利模式背后的价值观，并对其进行反思。

（一）原生广告的定义和相关概念

原生广告使广告和媒体内容在内容相关性、呈现形式、设计风格上基本保持一致。这种广告镶嵌在信息流中，具有植入式营销（Product Placement）的隐蔽性，比如谷歌（Google）搜索广告、脸书（Facebook）的 sponsored stories、推特（Twitter）的 tweet 式广告以及 BuzzFeed 的 brand publishers 都属于这一范畴。国内的网站和移动客户端也有相对应的类似形式，如百度的信息流广告、微博的粉丝通、腾讯的社交广告以及今日头条的信息流广告。

2013 年，美国互动广告局[②]（Interactive Advertising Bureau，缩写是 IAB）发布了《原生广告工作手册》（*The Native Advertising Playbook*），其中提出的定义颇具代表性，"原生广告是与页面内容紧密关联，融入

---

①李艳红，陈鹏."商业主义"统合与"专业主义"离场：数字化背景下中国新闻业转型的话语形构及其构成作用 [J]. 国际新闻界，2016（9）：142.

②美国互动广告局成立于1996年，有650家会员，包括媒体、广告代理、广告技术公司，其会员交易额占美国互联网广告总交易额的86%。这家机构是一家民间机构，其职责类似于"互联网广告协会"。

于整体设计,且与平台行为一致的广告,以至于用户感觉广告属于产品的一部分。"①还总结了原生广告的六种类型:版块嵌入(infeed units)、付费搜索(paid search units)、推送窗口(recommendation widgets)、促销栏(promoted lists)、带有原生色彩的植入广告(with native element units),以及其他种类(can't be contained)。②美国视频广告平台网站 Sharethrough 致力于用技术改变广告业的生态,根据所投放网站的风格与用户阅听习惯优化广告形式,让广告看起来就像页面中的普通内容。喻国明教授指出:"形式上融入媒体环境,内容上提供用户价值,促成产品与用户之间的关联与共鸣,是原生广告必须满足的条件。"③金定海也认为原生广告为用户提供了有价值和感兴趣的内容,还有与使用场景和谐共处的广告设计与制作形式。④这些来自不同国家、不同性质机构的定义,都侧重展示原生广告的隐蔽性。与显性的滚动式广告或者 banner 广告比起来,镶嵌进信息流的广告更具有隐蔽性。所谓"不破坏用户的使用体验",就是模糊广告与新闻信息的界限,在媒体公信力的背书之下,让用户将定位精准的广告"误以为"是有价值的新闻信息,从而巧妙地让用户主动转化购买行为,以达到精准营销的目的。

在谷歌趋势(Google Trends)搜索关键词,得到了 25 个相关查询,去掉同义词和单复数的类似词条后共有 17 条(如下表所示)。(1)原生广告是什么:定义和经典案例;(2)与原生广告有高度联系的媒体/

---

① Interactive Advertising Bureau. The Native Advertising Playbook. [EB/OL]. Dec. 4,2013. https://www.iab.com/wp-content/uploads/2015/06/IAB-Native-Advertising-Playbook2.pdf.

② 同上。

③ 喻国明. 镶嵌、创意、内容移动:互联广告的三个关键词——以原生广告的操作路线为例 [J]. 新闻与写作,2014(3):48-52.

④ 金定海,徐进. 原生营销:再造生活场景 [M]. 北京:中国传媒大学出版社,2016:30.

机构/个人。由表格中的数据来看，与原生广告关联度更高的是社交媒体，如 BuzzFeed；以视频原生广告为主的视频网站 YouTube 和知名原生视频广告平台的 Sharethrough 也有很好的表现。纽约时报作为传统媒体向数字化转型的标杆，也采用了原生广告的形式。美国互动广告局 (IAB) 较早关注了原生广告，对广告商和商业组织进行了指导。《上周今日秀》（Last Week Tonight）的主持人约翰·奥利佛（John Oliver）因批评原生广告被《华尔街日报》《商业周刊》《华盛顿邮报》报道获得较高关注度。

表9 Native Advertising 在谷歌趋势的相关关键词

序号	相关查询主题	序号	相关查询主题
1	what is native advertising	10	IAB native advertising
2	native content	11	native advertising John Oliver
3	native marketing	12	YouTube native advertising
4	native advertising examples	13	native advertising companies
5	native ads	14	native advertising Yahoo
6	native advertising definition	15	native advertising Sharethrough
7	native video advertising	16	New York Times native advertising
8	BuzzFeed native advertising	17	native advertising meaning
9	programmatic advertising		

其中，BuzzFeed 近几年发展势头迅猛，广告收入从 2011 年的 400 万美元增加到 2013 年的 6400 万美元，2015 年的广告收入为 1.7 亿美元，到了 2016 年就涨到了 2.5 亿美元，增幅为 47%。本节将着重分析被 Native Advertising Institute 誉为 BuzzFeed 十佳原生广告案例之首的

摩托罗拉品牌推广。2013年3月5日，BuzzFeed发布了一篇名为《过去20年间变化的九件事情：时间都去哪儿了？》(*9 Things That Have Changed In The Last 20 Years：Where did all the time go？*)[①]。标题采用一贯的BuzzFeed风——几件+形容词+名词的"列表式"[②]结构，内容以图片为主，附以小标题穿插连接全文，易于传播。文章不管是形式还是内容、风格与BuzzFeed惯有的爆款（viral）内容保持一致。文章罗列了九种事物的过去与现在的对比图，其中包括乐队、电子游戏手柄、演员、篮球运动员等。配图幽默诙谐，着重体现事物的重大变化。用"过去"和"现在"这对概念不断地重复，最后不露痕迹地点出品牌推广的重点——过去手机电池只能用三个小时，而某新款4G智能手机可以使用32小时不充电，给人留下深刻的印象。

（二）浮士德协议：原生广告的反思

上文提及《上周今日秀》主持人约翰·奥利佛因批评原生广告被媒体报道获得较高关注度。他把这种付费广告形式称为是"再加工的牛粪[③]"（repurposed bovine waste）。诚然，原生广告的出现，首先对传统广告的概念构成挑战，其次模糊了广告和新闻的边界。美国联邦贸

---

① DROID RAZR MAXX HD By Motorola Brand Publisher. 9 Things That Have Changed In The Last 20 Years：Where did all the time go? [EB/OL].March 5，2013. https：//www.buzzfeed.com/motorola/20-things-that-have-changed-in-the-last-20-years?b=1&utm_term=.poeVEbkYjq#.srWG6q2Wkw.

② BuzzFeed的发家秘笈就是聚合和编辑能够在社交网络上进行病毒式传播的内容——这些内容的特点大致有三：其一，绝大部分都是以列表的形式出现，诸如"10件史上最搞笑的事""14家有生之年一定要去的冰淇淋店"等等，英语中专门有一个词"listicle"用来指代这种内容。其二，用大量测试题帮读者找自己的定位，诸如"最适合你居住的城市""你是超级英雄电影里的哪个角色"等等。其三，各类萌宠在内容中也占据了很大比例，因此有人将之称为阿猫阿狗图片站。参见方可成．BuzzFeed：技术公司做严肃新闻，靠谱吗？[J].中国传媒科技，2014（8）：36.

③ Jeff Beer. A New Study Says Native Advertising Spend In U.S. To Reach $22 Billion This Year[EB/OL].March 21，2017. https：//www.fastcompany.com/3069121/a-new-study-says-native-advertising-spend-in-us-to-reach-22-billion-this-year.

易委员会（Federal Trade Commission，简称 FTC）曾经提出警告，将一些情况下滥用原生广告的行为定义为非法，并且针对那些刻意模糊内容和广告边界的公司展开行动。FTC 明确表示：必须让受众明白地意识到他们正在观看广告，因此广告标识要明确，广告字样要清晰。

1. 对传统的广告概念提出挑战

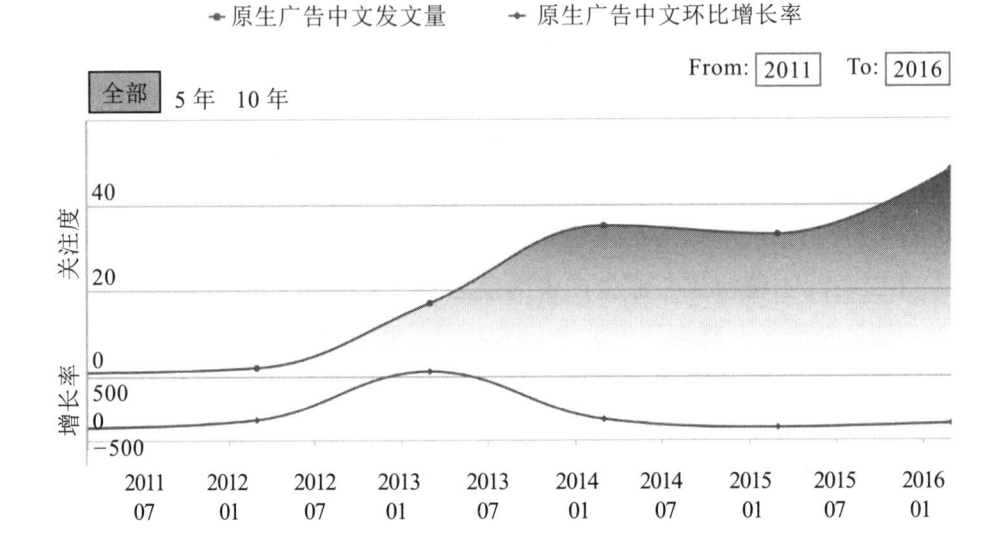

图 13 "原生广告"的百度指数

在中国知网以"原生广告"为关键词搜索，新闻传播学界从 2012 年起逐渐给予了更多的研究关注。在我国传媒业的发展与变革中，许多类似于原生广告的现象也不断产生。譬如软文、植入式广告、形象广告等，相关的法律法规也不断规范化。

1985 年国务院办公厅发布的《关于加强广告宣传管理的通知》"严禁新闻记者借采访名义招揽广告，严禁利用发布新闻的形式刊播广告，收取费用。"[①]1987 年颁布的《广告管理条例》规定："新闻单位不得

---

①国务院办公厅关于加强广告宣传管理的通知 [EB/OL]. 法律图书馆吧，1985 年 11 月 15 日. http://www.law-lib.com/law/law_view1.asp?id=46989.

以新闻报道形式刊播广告，收取费用；新闻记者不得以采访名义招揽广告。"[1]学界也有人撰文指出，"广告新闻"以假乱真，有损新闻单位声誉，必须予以坚决否定。1995年春，国家新闻出版署转发上海市新闻出版局《关于禁止用新闻形式进行企业形象广告宣传的通知》，严格禁止"用新闻形式进行企业形象广告宣传"[2]的做法，以新闻之名行广告之实的各类软性新闻与新闻职业道德的原则不相容。

2015年9月1日，我国新《广告法》正式实施，第十四条明确规定："大众传播媒介不得以新闻报道形式变相发布广告。通过大众传播媒介发布的广告应当显著标明'广告'，与其他非广告信息相区别，不得使消费者产生误解。"[3]理想情况下，"广告新闻"应包括软文在内，这些现象应该能够通过媒体的自净系统来得到限制和解决，但由于传媒的惰性和缺乏自我约束，本属职业自律分内的事情却需要通过党政系统的命令来解决。[4]在传统媒体的语境下，软文式广告是违反《广告法》的。美国互动广告局调查显示，用户对于不公开不透明的原生广告并不买账，并且会对广告品牌留下负面印象。[5]

2.模糊了广告和新闻的边界

新闻专业主义一直主张将编辑采编与广告经营分离，旨在促使从业者提升新闻生产的自主性和规范性。然而，原生广告的新兴实践使得

---

[1] 广告管理条例 [EB/OL]. 国家市场监督管理总局官网. 1987年10月26日. https://gkml.samr.gov.cn/nsjg/ggjgs/201906/t20190603_302039.html.

[2] 禁止用新闻形式进行企业形象广告宣传 [J]. 报刊之友，1995(05)：17.

[3] 中华人民共和国广告法 [EB/OL]. 中国政府网，2015年9月1日. http://www.gov.cn/guoqing/2021-10/29/content_5647620.htm.

[4] 陈力丹，钱童，魏雨珂. 新《广告法》实施后"广告新闻"现象分析 [J]. 新闻界，2016（2）：9–13.

[5] Interactive Advertising Bureau. The Native Advertising Playbook[EB/OL]. Dec. 4，2013. https://www.iab.com/wp-content/uploads/2015/06/IAB-Native-Advertising-Playbook2.pdf.

分工变得复杂化,打破了编辑部与广告部的独立性边界,导致在网络新闻实践中建立新闻权威充满了内在矛盾。另外,从用户的角度来说,媒介素养不高的使用群体中,往往容易将广告信息误以为是新闻,因而盲目相信酿成大祸。

陈力丹认为,原生广告在一定程度上调和了公众对信息的需求以及广告的诉求,但却是以新闻职业道德规范的牺牲为代价。[①]《华尔街日报》的编辑杰拉德·贝克(Gerard Baker)将原生广告对新闻业的危害性比喻为浮士德协议[②](Faustian Pact,也称灵魂契约),新闻和广告之间的界限越来越模糊,以编辑风格呈现品牌内容的定制广告打破了广告商的利益与新闻机构的公信力的一致性。[③]美国学者詹姆士·W.凯里(James W.Carey)曾这样批判:"新闻不能等同为信息,如果作这种对等,就等于抽掉了新闻的灵魂。新闻实践也不同于其他的传播实践,因为新闻以启蒙运动的核心关注为抱负,以在实践中落实民主追求为目标,以社会福祉为基点,这与社会的其他传播实践,如广告、公关、信号传递等,在根本上有着立足点的不同,追求目标的不同。而'传播'的意念与政治控制和商业牟利的目标有着更自然的逻辑亲缘关系。"[④]

---

①陈力丹,李唯嘉,万紫千.原生广告及对传统广告的挑战[J].新闻记者,2016(12):78.

②浮士德是德国16世纪民间传说中一个神秘性人物。据说他用自己的血和魔鬼签订契约,出卖灵魂给魔鬼,以换取世间的权利、知识和享受。德国诗人歌德在长诗《浮士德》<Faust>中描写了浮士德与魔鬼梅菲斯特之间所做的一桩交易:梅菲斯特答应作浮士德的忠诚仆人,他的任务是绝对服从浮士德的命令,用各种法术让这位对生活充满厌倦的老博士重新获得彻底满足。一旦浮士德对生活说出"你真美呀,请停留一刻",那么根据契约梅菲斯特将占有他的灵魂,将他变成自己的仆人。

③ Joe Pompeo. 'Wall Street Journal' editor Gerard Baker decries native advertising as a 'Faustian pact' [EB/OL]. November 25, 2013. https://www.politico.com/media/story/2013/09/wall-street-journal-editor-gerard-baker-decries-native-advertising-as-a-faustian-pact-001773.

④潘忠党.新闻与传播之别——解读凯里《新闻教育错在哪里》[J].国际新闻界,2006(4):13.

章小结：

综合来看，在媒介融合的背景下，新的传媒格局建立还未完成，传播实践中新现象让公共利益的守护出现了空白。媒介转型与变革，与其说是当下新闻业的噩耗，不如说是对传统新闻业的惊醒，昭示着危机境遇下的新生。如同居友认为的那样，在"思考如何重建被工业社会所破坏了的社会秩序时"[①]，anomie 可以被当作是一种有创造力的新生力量，是对陈腐观念的一种挑战，是具有某种好的性质。因此，当下的新闻业危机也可以被视作是建构新的新闻伦理规范的开始。

---

①周俊．新闻失范论 [M]．北京：人民日报出版社，2014：10.

第四章 网络新闻伦理失范的行为动机和行为模型

曾经媒体人在新闻实践中坚持的"铁肩担道义"和"成名的想象",现在正逐渐演变成了"商业主义的统合与专业主义的离场"①。在技术的影响下,媒介最有效率地将新闻匹配给目标受众,再将目标受众的注意力贩卖给与其受众群体一致的广告商。在充满"不确定性"②的场景中,唱衰新闻专业主义的声音增多,给从业者带来了全方位的焦虑。但也有学者认为,传统专业主义和媒体精英营造的专业秩序表现出了强大的韧性,在捍卫着被商业主义、技术主义、自媒体个人英雄主义挑战的边界。③

本书认为,唱衰传统媒体为时过早,专业主义也未曾远去,在发现问题的同时,更需要积极地去认识问题和解决问题。上一章分析了网络

---

① 李艳红,陈鹏."商业主义"统合与"专业主义"离场:数字化背景下中国新闻业转型的话语形构及其构成作用 [J]. 国际新闻界,2016,38(09):135-153.
② Barbie Zelizer. Terms of Choice: Uncertainty, Journalism and Crisis [J]. Journal of Communication,2015,65(5):888-908.
③ 曹林. 扩张、驱逐与维权:媒体转型冲突中的三种博弈策略——以兽爷、咪蒙、呦呦鹿鸣争议事件为例 [J]. 新闻大学,2019(06):19-31+121-122.

新闻伦理失范的现象，本章将分别从外部约束、内部动机这两个角度分析网络新闻伦理失范的行为动机，尝试在博弈论的视角下建构网络新闻伦理失范的行为模型。

第一节 网络新闻伦理失范的行为动机

动机实际上是一个从外部控制 (extrinsically controlled) 到自我决定 (self-determined) 的连续体。当外部因素影响过大时，则会出现一个完全外控的行为的极端，比如，小孩子会为了逃避惩罚而撒谎；当内部因素影响较大时，也会出现一个行为极端，比如，学生得了一百分受到老师的夸奖后会更加有意愿持续认真学习，维系好好学习—拿到好成绩—老师夸奖的正循环。大部分处于连续体中间部分的行为，在外部因素激发诱因之下，最初需要通过外部诱因激发而来，个体逐渐体验到自我决定和自我调节 (self-regulated) 的快乐，从而产生了自我满足感。换句话说，个体在以后过程中之所以继续实施这些行为，是因为在活动中感受到了自我的价值和活动的意义 (Connell，1991，Deci & Ryan，1985)。内在动机虽然相比外在动机更为持久和稳定，不过，客观地说，个体与生俱来的兴趣毕竟有限，大部分态度、价值观和行为都是后天习得和培养的，是一种内化的过程 (internalization)。本节将从内外部动机的角度展开论述。

一、外部控制：制度性引领

当个体缺乏内在动机，在实践过程中缺失自我决定和自我调节的快乐时，首先需要给与较为强烈的外部刺激予以强化行为目标。而后逐渐培养和提升个体对行为目标本身的兴趣和对自我行为的调控能力，最终通过内驱力促使实践行为的持续展开，至此完成动机的内化过程。在这里，外部力量可以说是这一过程的前提条件。

（一）好新闻模范的引领

中国新闻奖由中华全国新闻工作者协会（简称中国记协）评选，是经中宣部批准设立的全国性常设新闻奖项，属于我国新闻领域的最高荣誉；该奖项于20世纪80年代开评，曾名全国好新闻奖，于1991年正式更名为中国新闻奖。随着互联网技术的快速发展，互联网新闻实践突飞猛进，在2006年中国新闻奖首次增设网络评论、网络专题和网络专栏的评选类别。在全国性的奖项以外，省一级的网络新闻评奖早已掀起浪潮。湖北省在2000年首开先河，随后浙江、江西等一系列省市记协纷纷在地方新闻评奖中加入网络新闻作品的考量。有了种种前期借鉴，中国新闻奖网络新闻的评选显得水到渠成。

表10 近几届新闻奖中网络新闻获奖作品的占比及在不同奖项中的分布情况

届 数	获奖作品总数	网络新闻获奖作品占比	特别奖	一等奖	二等奖	三等奖
第31届	345	9.86%	0	9	11	14
第30届	348	23.56%	2	15	23	42
第29届	346	25.43%	2	18	26	42
第28届	287	28.57%	1	17	22	42
第27届	347	9.80%	0	9	11	14
第26届	256	9.38%	0	8	7	9
第25届	295	9.49%	1	8	8	11

中国记协网是中国新闻奖的主办单位中华全国新闻工作者协会，公布了历届中国新闻奖的评奖结果。据评奖结果显示，新闻奖从19届起增设特别奖，网络新闻鲜有上榜。在网络新闻刚刚萌发之时，各大媒体在融媒体方面的探索处于"摸石头过河"的状态，积极尝试将新媒体的数字化和交互性融入网络新闻生产与制作、内容传播中。可以说，十年前的网络新闻，在一定程度上缺乏好新闻模范的引领。而现如今，

近几届中国新闻奖中网络类作品的获奖比例不断攀升,在各个奖项中都有较好的表现(见表11)。在第29届和第30届新闻奖中,每届的5件特别奖中,各有2件网络新闻,为业界的网络新闻制作带来了方向引领和正向激励。

表11 近几届新闻奖中网络新闻获奖作品在不同类别中的分布情况

届数	网络评论	网络专题	新闻名专栏	网络访谈	网页设计/页(界)面设计	国际传播	新闻漫画	新闻摄影	短视频新闻	短视频现场新闻	短视频专题报道	移动直播	新媒体创意互动	新媒体报道界面	新媒体品牌栏目	融合创新
第31届	0	9	4	0	5	5	1	0	-	11	14	2	7	0	0	14
第30届	0	9	4	0	5	5	0	0	-	10	13	5	5	0	0	14
第29届	6	9	2	6	4	9	2	0	13	-	-	5	7	6	8	12
第28届	5	11	2	7	4	2	1	0	13	-	-	5	7	6	8	12
第27届	4	8	2	7	4	5	1	3	-	-	-	-	-	-	-	-
第26届	5	8	2	3	4	2	0	0	-	-	-	-	-	-	-	-
第25届	6	8	2	6	4	2	0	0	-	-	-	-	-	-	-	-

同时,中国新闻奖的获奖项目名称随着时代的发展、媒体理念的变化,有了一些新的变化(如表11)。在第28届时,中国新闻奖增设了"融媒短视频""融媒直播""融媒互动""融媒栏目""融媒界面""融媒创新";但从第28届新闻奖开始,这些栏目名称相应地调整为"短视频新闻""移动直播""新媒体创意互动""新媒体品牌栏目""新媒体报道界面""融合创新"(表格中为便于统计,使用的这一系列项目名

称），并沿用至今。在第 30 届时，新闻奖将"网页设计"项目名称微调成"页（界）面设计"，将"短视频新闻"项目细化拆分为"短视频现场新闻""短视频专题报道"。这些调整与尝试，体现了中国新闻奖的主办单位及时更新媒介内容生产与传播的理念，以及对媒体发展趋势的精准把握。

另外，随着媒介融合的不断深化，主流媒体的传播理念也在逐渐转变，主要体现：在语言风格上，不断吸纳网络语言，从严肃转变为更为活泼的"接地气"；在表现手法上，采用更具交互式和画面感等新媒体元素以增强信息的表现力；在传播内容上，注重舆论引导，并注重运用大众喜闻乐见的方式，讲述生动、形象、温暖的故事。善于发声，有效引导，凝聚社会共识，发挥主渠道作用，将是新的舆论格局下主流媒体的使命和目标。[①]

第 29 届中国新闻奖特别奖"中国一分钟"系列微视频由人民日报社新媒体中心制作发布。巧妙地将宏大叙事进行微缩，用"一分钟，中国会发生什么"这样的问句调动观众的好奇心，用生机勃勃的"一分钟"时刻展现改革开放 40 年成就的中国奇迹。此后，结合各重要节点，人民日报社新媒体中心相继推出"中国一分钟·地方篇"和各主题篇，带领观众感受祖国各地和家乡的壮丽美好，回望改革开放以来的胜利成果，由此引发了人们内心强热的自豪感与认同感。系列微视频着眼于"微"，却立意高远，跳出"大成就""大历史"的宏观视角，用直观的数字和画面展现了每个普通人为过上美好生活而不断努力拼搏的过程。[②]

2016 年 7 月 10 日，抗洪沙画《不忘初心 砥柱中流》一经发布便引

[①] 陈辉，李钢，李威. 主流媒体的网络舆论发声与引导策略研究 [J]. 现代传播（中国传媒大学学报），2017，39(07)：60.
[②] 张青."中国一分钟"系列微视频：爆款产品如何告别"一锤子买卖" [EB/OL]. 光明网，2019 年 11 月 16 日. https://m.gmw.cn/baijia/2019-11/16/33324096.html.

发了各大主流媒体和网络媒体的跨平台转发。该作品以南方军民抗击暴雨洪灾的新闻为故事,以沙画的形式还原了奋斗在汛情灾情第一线的代表群体,沙画、主流价值观宣传和新媒体的结合实现了传统议题在两大舆论场的同频震荡,"使得传播效果更加准确鲜明、传播覆盖面更广、受众体验感更生动"[①]。

图 14 抗洪沙画《不忘初心 砥柱中流》视频截屏图

以上成功案例为网络新闻提供了新的探索方向与可能性,在扭转传播理念的前提下不断创新传播手段与表现手法,从而生产出更多承载着主流价值观的优质内容更为广泛地传播到网络舆论阵地,实现更广泛群体尤其是年轻网民的共鸣和普遍认同。

---

① 曹曦晴,南婷. 引领主流舆论的路径探索—以抗洪沙画《不忘初心 砥柱中流》为例 [EB/OL]. 国家互联网信息办公室网站,2016 年 12 月 23 日. http://www.cac.gov.cn/2016-12/23/c_1120178116.htm.

（二）行业规范的调适

为了让公众保持对新闻行业的信任，新闻传播业内部就必须自我改革，首要的工作就是要起草一部新闻职业规范。[①] 在行业规范方面，中华全国新闻工作者协会（以下简称记协）曾在1991年1月通过了《中国新闻工作者职业道德准则》（以下简称《准则》），并历经1994年、1997年和2009年三次修订。该《准则》中有对全国所有新闻工作者的全面而基本的要求，是我国目前适用范围最为广泛、知名度最高的新闻职业规范。但由于修订规范需要一定的周期，而近二三十年以来在新闻业的实践中又不断地出现新现象。因此，职业规范在一定程度上难以全面覆盖和预料到从业者和新闻实践中的新问题。

本书认为，职业规范优先出台、逐步规范，是规范变化中的新闻实践的最优选择。经过多次的修订后，《准则》不断更新完善，更加贴合行业的内外部环境。2009年版《准则》在形式和内容上有较大的调整，有一些提法是首次出现在《准则》和同类规范性文件中，如首次写入"把人民群众作为报道主体和服务对象"，深入阐释"坚持团结稳定鼓劲、正面宣传为主"，详细规定"新闻真实性原则"，丰富拓展"发扬优良作风"等。[②] 有学者认为2009年版《准则》的修订体现出"我国新闻界对新闻职业道德规范理解的深化，和对加强新闻职业道德规范认识的提升"[③]；但也提出一些补充性的倡导"如果能够结合我国实际情况组建由新闻界、司法界和社会群众团体等组成的新闻评议会组织"[④]。

[①] [法] 克劳德·让·贝特朗. 媒体职业道德规范与责任体系 [M]. 宋建新, 译. 北京：商务印书馆, 2006：41-42.

[②] 张洪超, 王佳. 一份指导新闻职业道德建设的纲领性文件——对2009年版《中国新闻工作者职业道德准则》的解读 [J]. 新闻记者, 2010(01)：8-12.

[③] 郑保卫, 刘艳婧. 与时俱进 加强规范 服务实践——对《中国新闻工作者职业道德准则》修订稿的评析 [J]. 新闻记者, 2010(01)：12-17.

[④] 郑保卫. 建立监督制裁机构 强化行业自律机制——关于我国组建新闻评议会的建议与构想 // 郑保卫. 新闻长思录：新闻学基础理论研究 [M]. 北京：人民出版社, 2005：263.

人民日报出版社于2012年11月出版的《中国新闻职业规范蓝本》是陈力丹教授主持的教育部基地重大课题"我国新闻职业规范研究"的重要成果，撰写该书的目的不是要求从业者参照执行，更多的是一种告知：让我国的新闻从业者知道存在着哪些国际同行的职业规范，据此在新闻传播实践中明辨是非。但在前言中，陈力丹老师也直言道：奋斗在新闻实践第一线的同志们如果能看完本书后再"不得不做着一些本书指出的不符合职业规范的事情，但若意识到那些做法是不对的"[①]，作者们便会觉得欣慰了。

二、内部约束：价值观失衡

（一）新闻专业主义遭遇商业化

新闻工作是门职业（occupation），当称之为专业（profession）时，我们特指从事新闻工作必需特定的专业技能、行为规范和评判标准，而这些又必须通过专门的训练才能获取。[②]从职业理念的角度来看，新闻专业主义就是一个专门职业所遵守的行为及道德标准。[③]从新闻事物和记者素质的角度来看，新闻专业主义可以包括两个层面，即追求报道的客观公正和职业的伦理道德。[④]从职业社会学的视角来看，新闻学思想以及研究实际上就是新闻实践的专业化或专业主义的反应。新闻专业主义的最后核心阶段是形成一种正式的道德准则，以利用它来将新闻提升到职业化和专业化的层次。[⑤]不仅如此，新闻专业主义还可以

[①]陈力丹，周俊，陈俊妮，刘宁洁. 中国新闻职业规范蓝本[M]. 北京：人民日报出版社，2012：前言.

[②]陆晔，潘忠党. 成名的想象：中国社会转型过程中新闻从业者的专业主义话语建构. 新闻学研究（台北），2002（71）：18.

[③]李瞻. 新闻道德[M]. 台北：三民书局，1988：7.

[④]李金铨. 香港媒介专业主义与政治过渡[J]. 新闻与传播研究，1997（2）：38-43.

[⑤]黄旦. 新闻专业主义的建构与消解——对西方大众传播者研究历史的解读[J]. 新闻与传播研究，2002（2）：2-9.

是一套论述新闻实践和新闻体制的话语,强调的是新闻从业者与新闻工作的普适性特征;它又是一种意识形态,是与市场导向的媒体(及新闻)和作为宣传工具的媒体相区别的,以公众服务和公众利益为基石的意识形态;它还是一种社会控制的模式,是以市场控制与政治控制相抗衡的、以专业知识为基础的专业社区控制模式。①

因此,新闻专业主义是对自由主义理论和社会责任理论的新闻理论进行了修正和发展,本身就包含了这两种理念适合社会和新闻业发展需要的合理要素,同时在此基础上从专业的角度去谋求新闻业和社会协商共识下的新闻理念,既要保证满足公众的信息需求,又要保证新闻业对社会负责和为公众利益服务。新闻专业主义不仅仅发展了自由主义理论和社会责任理论,更重要的是建立了一套与政治操作和市场操作相区别的专业化的操作方式,包括专业组织的建立、专业行为准则的发布、新闻专业教育和专业资格的认可、专业自律机制等。②

在我国,经过二十多年的改革,新闻工作的专业主义成为显要议题,这本身是社会变革的一个标志,它反映了新闻改革面临新的挑战,其核心就是新闻工作者是如何应对商业赢利、服务公众利益和政党宣传这三者之间的关系。③

进入社会转型时期后,我国新闻场域集合了三个不同的传统:中国知识分子以办报启迪民心、针砭时弊的传统,中国"喉舌媒体"的传统,源自西方却被"本土化"了的独立商业媒体的传统。④我国新闻业的社

---

① 陆晔,潘忠党. 成名的想象:中国社会转型过程中新闻从业者的专业主义话语建构[J]. 新闻学研究(台北),2002(71):17-18.
② 陈力丹. 健全有效的传媒自律机制[J]. 新闻界,2003(6):37-5+30.
③ 陆晔,潘忠党. 成名的想象:中国社会转型过程中新闻从业者的专业主义话语建构[J]. 新闻学研究(台北),2002(71):18.
④ 陆晔,潘忠党. 成名的想象:中国社会转型过程中新闻从业者的专业主义话语建构[J]. 新闻学研究(台北),2002(71):21-25.

会环境逐步发生了变化,开始从"党报本位"理念回归到"新闻本位"理念,新闻的信息功能得以强化。[①]我国新闻业在社会转型时期,尤其是当下,传统的宣传管理模式正在越来越多地受到来自市场经济和专业主义理念的冲击。"在媒体产业化改革中,新闻专业理念又遇到媒体商业化动作的陷阱,竞争与利润的红颜埋葬了一个个媒体掌控者的灵魂,这样的尴尬局面有悖于新闻记者的职业理想。"[②]

表12 改革时期中国建构新闻专业名望的话语场域

主要的面向	定位概念	
新闻从业者的角色	党的宣传工作者	人民的代言人
新闻工作的性质	教育、启蒙	公众服务
新闻传媒的社会功能	社会整合、思想教育	资讯的扩散、事实的呈现
新闻工作的行为准则	事实、真理	事实、客观
合理性的来源	党的领导	市场经济
典型名称	著名新闻工作者、著名报人	"大腕儿"

曾经媒体人的"成名的想象",铁肩担道义,现在遇到了在技术的影响下最有效率地将新闻匹配给目标受众,再将目标受众的注意力贩卖给广告商。正如同美国学者麦克马纳斯(McManus John H.)在其

[①]单波. 20世纪中国新闻学和传播学——应用新闻学卷[M]. 上海:复旦大学出版社,2001:206.

[②]刘建明. 新闻学前沿[M]. 北京:清华大学出版社,2005:227-229.

所著的《市场新闻业：公民自行小心？》①一书中指出，"当新闻室内开始运用企业管理手法产制新闻更甚于以往的传统方式时，则读者或观众将被视为是一名'顾客'（customer），而新闻将被视为一项商品（product），至于发行量或区域将被视为是一个'市场'（market）"。意即在市场导向的驱力下，受众、新闻与发行量（circulation rating）等三个面向的讨论，已于近年来逐渐被消费者（consumer）、商品（product）、与市场（market）等三个更趋向商业机制的概念所取代。

（二）媒介转型背景下媒体人的转型焦虑

为了适应不断变化的媒介环境和日趋增长的受众需求，各类媒体需要不断调整、改变和优化新闻生产的流程与媒介生产的组织方式。而在组织结构融合、媒介战略转型的表象之下，新与旧、中心化与边界化、权威性与交互性各种矛盾的张力暗流涌动。媒介融合从来就不是简单意义上的技术、机构、经营、内容等方面的融合，而是一种复杂的观念融合和整体融合，目的是实现人、财、物、讯四大资源的整体优化和科学协调。②以下从媒介环境、权力机制和媒介技术三个角度呈现媒体人在媒介转型之际的多重焦虑。

1. 对逐利的媒介环境的焦虑

新媒体一直是传统媒体数字化转型的最佳跳板。在新闻门户网站时代，以新浪、搜狐、网易、凤凰为主的四大门户网站占据了新闻分发的渠道优势，传统媒体以内容优势与门户网站合作或引流到自家网站。在两微一端的媒介融合时代，传统媒体则纷纷在微信、微博圈地，抢滩新闻客户端，试图导流到移动端，实现转型突围。这些行为的背后，是媒体人在转型时期寻求竞合之道的迫切压力。

在行业层面，技术的赋权降低了媒体行业的准入门槛，传统的新闻

---

① John Herbert McManus. Market-Driven Journalism: Let the Citizen Beware? [M]. Thousand Oaks, CA: Sage Publications. 1994.
② 邵鹏. 媒介融合语境下的新闻生产 [M]. 杭州：浙江工商大学出版社，2013：1.

专业主义正在面临着被消解和重构。这样的趋势有利有弊,然则消极的一面是,更多的传播渠道极大地提升了对媒介内容的需求,大量新媒体账号野蛮生长,缺少基本训练的从业人员海量增长。在组织层面,转型中的媒介组织给从业者带来了更多的焦虑和紧迫感,关键绩效指标（KPI：Key Performance Indicator）对转发量和浏览量等数据的追求无形中摧残了他们的职业荣誉感和社会成就感。这些特质诱使新闻从业者主动或被动地放弃对专业技能、行为规范和评判标准的追求与坚持,大批"新闻民工"应运而生。

整合来源文章的"剪刀手"搬运法,揭示了没有新闻采访权的新媒体编辑只能采集整合其他媒体原创内容的现状,同时也暴露了事实核查在新闻编辑工作流程中的缺失。由于以往新闻网站的编辑没有采访权,一般通过采编其他新闻信息来源的内容进行内容编辑。有些出于博眼球、增加流量的考虑,往往会改动原文的标题,让标题更具话题性和煽动性；更有部分编辑没有遵守职业操守,绕过原创新闻作品的版权问题,不标注信息来源和原作者信息,甚至是将不同信源的内容进行"洗稿"拼接成"伪原创"的新闻报道。事实核查（Fact Checking）,是指媒体为了确保所刊载、发布的事实准确无误,而设立专门的事实核查部门和专业的"事实核查人"(Fact Checker),以便对媒体的内容生产进行严格的把关与管理。该制度起源于20世纪的美国,德国《明镜》周刊、美国《纽约时报》《华盛顿邮报》等国际知名媒体都有悠久的事实核查传统。不过,网络技术的发展是把双刃剑,网络时代使新闻核查工作面临更加复杂的状况,但网络搜索引擎和社交媒体的盛行也为核查提供了便利条件。

2. 对新的权力机制的焦虑

不少自媒体新闻公众号因被举报涉嫌造谣和传谣而封号,这也导致了从业者对媒介技术更迭带来的新的权力机制的焦虑。《微信公众平台运营规范》中规定谣言类内容"属严重违规,影响用户体验,并可能给其他公众账号运营者、用户及平台带来损害,任何微信公众账号均不得以任何形式实施。否则,一经发现将根据违规程度对该公众账号采取相应的处理措施。"①在腾讯方看来，对微信服务的登录、查看、发布信息等行为是使用者同意服务协议的约束。《微信公众平台服务协议》里详细说明了对违规账号的处理方式："如果腾讯发现或收到他人投诉用户违反本协议约定的，腾讯有权不经通知随时对相关内容进行删除、屏蔽，并视行为情节对违规账号处以包括但不限于警告、删除部分或全部关注用户、限制或禁止使用部分或全部功能、账号封禁直至注销的处罚，并公告处理结果。"②针对普通用户"如果你发现任何人违反本协议规定或以其他不当的方式使用微信公众平台服务，请立即向微信公众平台投诉，我们将依法进行处理。"③

大众传播技术的引入破坏了以往建立的媒介组织中的权力结构。互联网技术的逻辑包含有开放、平等参与和自由的基因，拥有一种去中心、去政治、去传统的属性。有业界人士认为这样一种权力不对等的用户协议，让平台上的被条款束缚的用户们充满了"敢怒不敢言"的怨念。"各种官方的排名，都用微信说事"④，体现了新媒体被作为权力中心的官方话语的收编。

不少自媒体新闻公众号用"流水线作业"的方式生产新闻内容，在更短的时间内制造出更多的"爆款""头条"，追求内容消费的及时性、话题性和娱乐性，破坏了网络信息的内容生态，并在一定程度上侵蚀了社会的公共利益。"再小的个体，也有自己的品牌"是微信公众平台的宣传语，同样，再小的个体和再大的组织，都应为好品质的内容坚守原则和底线。任何利益上的短视都是在经济学上的非理性，都有可

---

① 微信团队. 微信公众平台运营规范 [EB/OL]. 微信公众平台，https://mp.weixin.qq.com/mp/opshowpage?action=newoplaw.

② 腾讯公司. 微信公众平台服务协议 [EB/OL]. 微信公众平台，https://mp.weixin.qq.com/cgi-bin/readtemplate?t=home/agreement_tmpl&type=info&lang=zh_CN.

③ 同上。

④ 徐世平. 腾讯：企鹅帝国的狰狞威权——致马化腾的公开信 [EB/OL]. 中关村在线，2016年11月4日. https://m.zol.com.cn/article/6125935.html.

能会为品牌带来不可估计的损害。

3. 对算法价值取向的焦虑

在商业利益的裹挟下,科技公司会不会成为公共利益的媒介代言人和守护者,将是个很难回答的问题,更是行业从业者值得重视与关注的重要议题。正如本书第三章第三节中讨论的那样,若不经有效的约束和规范,科技公司缺乏企业社会责任,在资本的逻辑之下算法将会无限追逐用户的个人需求。

毫无疑问,在数字媒体时代,算法、数据等核心资源的垄断和不平等分布将带来新一轮的数字鸿沟(Digital Divide)。以腾讯、新浪为代表的科技网络公司具有天然的技术优势,故步自封的传统媒体将难以逾越算法与现实之间的鸿沟。以算法为代表的人工智能已经深刻影响了新闻生产与新闻分发的流程,正在建构着新的传媒生态。未来媒体可能是数种系统竞争的局面,不同的系统在竞合之间必然产生博弈。

媒体人的转型焦虑并不是源自对网络技术本身的焦虑,而是源自互联网发展带来的媒介生态变化。媒体人的转型焦虑不是媒介转型追求的目标,也不是新的技术发展有意为之的结果,而是媒介生态建构得不够完整的表现。这正是媒体人需要努力改进的地方,客观地认识焦虑的文化成因,并科学地调适其行为模式,将有利于我们理性地拥抱媒体的新发展和新变化。

第二节　博弈论视角下网络新闻伦理失范的行为模型

博弈论译自英文"game theory"，"game"是游戏的意思，"game theory"从字面理解是"游戏的理论"。但博弈论研究的并不是游戏，而是游戏当中运用的策略或计谋的问题。博弈中一般有三个原则：各个博弈方都是理性经济人（economic man），即对自己的利益完全了解，并以利益最大化作为最终目的；各个博弈方对规则具有共同的认识：即可以做什么、不可以做什么、如果违规将受到什么样的处罚等；博弈的最终结果一般是达成某种均衡（equilibrium）。从这个意义上讲，博弈论研究的是在存在相互外部性条件下的个人选择问题：每名参与者的选择都将对其余参与者产生影响，因此在进行个人选择时必须考虑其余人可能进行的选择。[1]具体来说，博弈即一些个人、对组织或其他组织，在特定的环境条件和行为规则下，同时或先后，一次或多次，从各自允许选择的行为或策略中进行选择并加以实施，各自取得相应结果的过程。[2]

若将网络新闻媒体或者网络新闻从业者置于媒介失范的场景中，可以说博弈论的思路提供了一个去细察影响失范的因素和形成失范的博弈过程的角度。

以下将分析网络新闻媒体或网络新闻从业者与利益提供者之间、媒体或网络新闻从业者自身之间的博弈模型。

---

[1]张维迎.博弈论与信息经济学[M].上海：上海人民出版社，1996：3.
[2]谢识予.经济博弈论[M].上海：复旦大学出版社，2013：4.

一、从业者与利益提供者的失范行为模型

为行文方便,此处将网络新闻媒体或网络新闻从业者简称为从业主体,将能为从业主体带来失范收益的组织和个人简称为利益主体。从业主体与利益主体分别构成博弈的双方。在具体博弈过程中,双方分别可以选择遵守规范或者违反规范(失范)。

假设在新闻实践活动中,(1)若从业主体和利益主体都遵守规范,则分别获得守规收益 A 和 B。(2)若从业主体和利益主体选择违反规范,则各自须付出违规成本 L 和 K。(3)若仅有一方选择违规,则双方均不能取得任何收益,且违规方付出的违规成本无法收回。(4)当双方同时选择违规时,从业主体和利益主体分别获得违规收入 M 和 N。

综上,从业主体与利益主体之间的博弈将有四种可能的结果:双方均守规,仅从业主体违规,仅利益主体违规,双方均违规。以下我们将此四种结果用博弈论中常用的 2×2 图表来表示(括号左边为从业主体的最终收益,右边为利益主体的最终收益):

		利益主体	
		遵守规范	失范
从业主体	遵守规范	(A, B)	$(A, B-K)$
	失范	$(A-L, B)$	$(A+M-L, B+N-K)$

图 15　从业主体与利益主体之间的博弈图

如上图所示,博弈双方面临着四种可能的结果:(1)若从业主体与利益主体在新闻实践活动中都遵守规范,那么将不存在失范,两方分别获得额定收益 A 和 B。(2)若两方同时选择失范,则从业主体获得违规收入 M,同时付出失范成本 L;利益主体获得违规收入 N,同时付出失范成本 K,两方分别获得失范收益 $A+M-L$ 和 $B+N-K$。(3)若从

业主体选择失范而利益主体选择遵守规范，则两方均不获得违规收入，从业主体独自承受违规成本 L，两方分别获得收益 $A-L$ 和 B；类似的，若从业主体选择遵守规范而利益主体选择失范，则两方分别获得收益 A 和 $B-K$。

在静态博弈模型中，最常用的概念是纳什均衡：当此均衡成立时，两方均作出某种选择，任何一方在另一方不作出改变时也不存在作出改变的意愿。以下分四种情况讨论此模型中所存在的纳什均衡。

情况1，$M<L$，$N<K$。

此情况下，无论从业主体如何选择，利益主体均选择遵守规范；无论利益主体如何选择，从业主体均选择遵守规范。模型存在唯一的纳什均衡（遵守规范，遵守规范）。

情况2，$M>L$，$N<K$。

此情况下，无论从业主体如何选择，利益主体均选择遵守规范；若利益主体选择遵守规范，则从业主体选择遵守规范，而若利益主体选择失范，则从业主体选择失范。模型存在唯一的纳什均衡（遵守规范，遵守规范）。

情况3，$M<L$，$N>K$。

此情况下，若从业主体选择遵守规范，则利益主体选择遵守规范，而若从业主体选择失范，则利益主体选择失范；无论利益主体如何选择，从业主体均选择遵守规范；模型存在唯一的纳什均衡（遵守规范，遵守规范）。

情况4，$M>L$，$N>K$。

此情况下，若从业主体选择遵守规范，则利益主体选择遵守规范，而若从业主体选择失范，则利益主体选择失范；若利益主体选择遵守规范，则从业主体选择遵守规范，而若利益主体选择失范，则从业主体选择失范。模型存在两种可能的纳什均衡：（遵守规范，遵守规范），以及（失范，失范）。

综上所述，以下是四种情况下可能存在的纳什均衡：

$M<L$, $N<K$	（遵守规范，遵守规范）
$M>L$, $N<K$	（遵守规范，遵守规范）
$M<L$, $N>K$	（遵守规范，遵守规范）
$M>L$, $N>K$	（遵守规范，遵守规范） （失范，失范）

图 16　四种情况下可能存在的纳什均衡

换言之，在从业主体与利益主体的博弈中，存在着"一个巴掌拍不响"的情况。$M>L$ 意味着对于从业主体来说失范可能带来的违规收入超出失范的成本，这赋予了从业主体去失范的动机；同样的，$N>K$ 意味着利益主体存在失范的动机。然而从以上分析中可以看到，无论对于其中一方违规收入超出失范成本多少（换言之，无论 $M-L$ 或者 $N-K$ 的值有多大），若另一方不存在失范的动机，则唯一的均衡仍然是双方遵守规范。同时，即使双方同时存在失范动机（即情况4），模型中仍然存在着遵守规范与失范的两种均衡。根据纳什均衡的定义（对手不改变时自身亦不作改变），我们可以看到，社会"现状"（status quo）对于社会成员的选择会产生很大影响：当潜规则是遵守规范，则少有人愿意去冒独自一人失范的风险；而当潜规则即是失范，则拨乱反正改变风气也会相当困难。

二、从业者之间的失范行为模型

在短期的、单次的博弈中，纳什均衡为我们提供了可能出现的结果的参考。然而纳什均衡没有回答的问题是在存在多个纳什均衡时，均衡的选择以及均衡的形成过程。因此我们引入演化博弈的概念来进行进一步分析。

演化博弈（Evolutionary Game）是博弈论中的一个分支与延展。

与前文中提到的静态博弈不同，演化博弈强调有限理性与非完美信息，并将重点放在动态而非静态博弈上。演化博弈顾名思义与生物进化论同出一源，即在生物学范畴中被用来解释生物进化中的某些看似不合理的现象，也在经济学范畴中被用来解释众多社会规范与制度的形成。演化博弈模型有多种涵义与解释，在此我们采用与本节相关性更强，更适用于失范现象描述的"复制与增长"。

以前文中提到的从业主体与利益主体为例。在长期、重复的博弈过程中，假设社会中存在大量从业主体以及利益主体，则选择某种策略的群体（无论是从业主体还是利益主体）的增长量将与其策略选择的收益相关；而由于博弈的交互影响的特质，群体的增长量又将影响之后的策略选择。

假设在某一个节点，选择遵守规范的从业主体与利益主体比例分别为 x 与 y，将从业主体与利益主体的收益分别以 U 与 E 表示，则此时对于从业主体来说，选择遵守规范的预期收益为 $U_1=Ay+A(1-y)=A$，而选择失范的预期收益为 $U_2=y(A-L)+(1-y)(A+M-L)$，从业主体的平均收益为 $U_0=xU_1+(1-x)U_2$。类似的，对利益主体来说，选择遵守规范的预期收益为 $E_1=Bx+B(1-x)=B$，而选择失范的预期收益为 $E_2=x(B-K)+(1-x)(B+N-K)$，利益主体的平均收益为 $E_0=yE_1+(1-y)E_2$。

群体比例随着时间的变化与其策略选择的超额收益正相关：

$$\frac{dx}{dt}=x(U_1-U_0)=x\{A-xA-(1-x)[(A-L)y+(A+M-L)(1-y)]\}=x(1-x)[A-(A-L)y-(A+M-L)(1-y)]=x(1-x)[My-(M-L)]$$

$$\frac{dy}{dt}=y(E_1-E_0)=y\{B-yB-(1-y)[(B-K)x+(B+N-K)(1-x)]\}=y(1-y)[B-(B-K)x-(B+N-K)(1-x)]=y(1-y)[Nx-(N-K)]$$

当 $y>\dfrac{M-L}{M}$ 时，$\dfrac{dx}{dt}>0$，选择遵守规范的从业主体比例 x 增加，

反之则选择失范的从业主体比例增加：

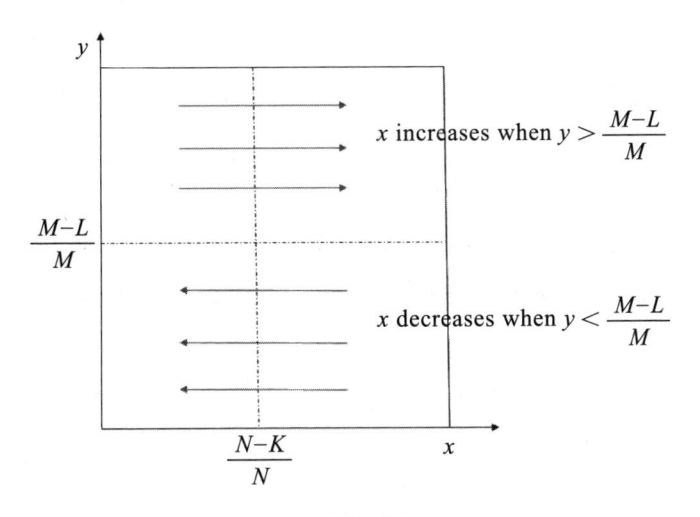

x increases when $y > \dfrac{M-L}{M}$

x decreases when $y < \dfrac{M-L}{M}$

图 17　均衡路径 1

当 $x > \dfrac{N-K}{N}$ 时，$\dfrac{\mathrm{d}y}{\mathrm{d}t} > 0$，选择遵守规范的利益主体比例 y 增加，反之则选择失范的从利益主体比例增加：

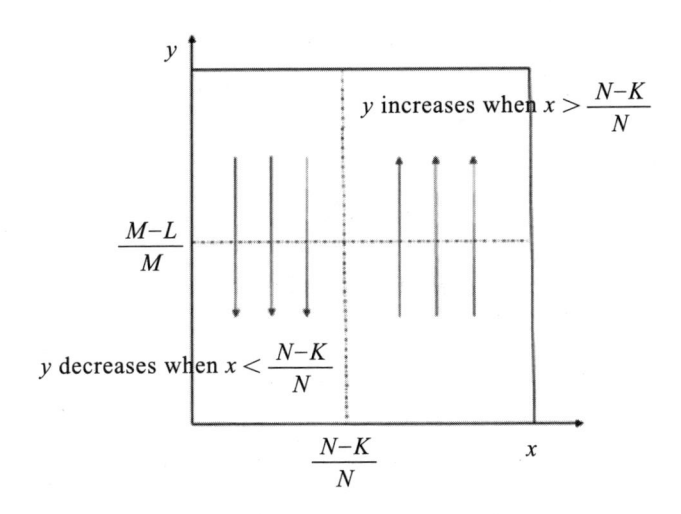

y increases when $x > \dfrac{N-K}{N}$

y decreases when $x < \dfrac{N-K}{N}$

图 18　均衡路径 2

综合来看，从业主体与利益主体的选择互相促进：当任何一方更多地选择遵守规范，则另一方也越多地选择遵守；当任何一方更多地选择失范，则另一方也越多地选择失范。从社会风气的角度去理解：当社会上的风气，亦或是"潜规则"为遵守规范时，更容易形成照章办事的规则；而当社会上的风气相反时，选择失范的成本降低而收益增高，集体失范的现象几乎无法避免。这是一个逐渐增强、逐渐形成的过程，当天平向任何一方倾斜，都容易加速极化的均衡的形成。

演化博弈均衡给我们提供了社会上的集体"近朱者赤，近墨者黑"的理论依据：在随机配对之中，当我们更容易遇上遵守规范的对手时，遵守规范是更好的选择；而当我们更容易遇上习惯性失范的对手时，失范将成为更理性的选择。

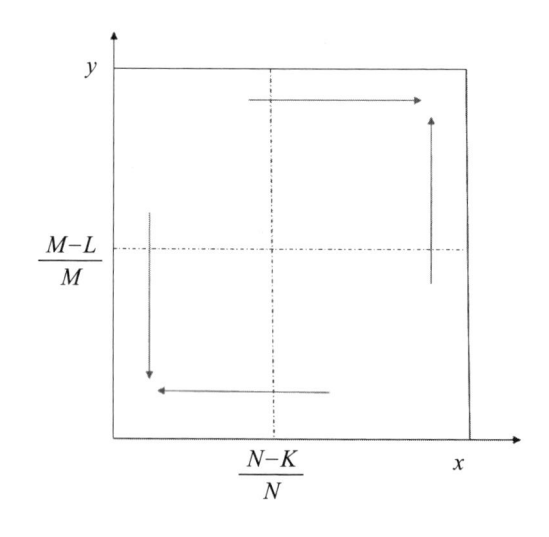

图 19　均衡路径 3

对比之前提到的两个模型：纳什均衡与演化博弈均衡，我们可以清晰看到机制与监管对于规范的实行以至于社会风气的养成的直接作用。在纳什均衡中，在 $M>L$，$N>K$ 的前提下，不存在对于均衡的选择，两种均衡都有可能产生。换言之，对于单一个体而言，在单次的、非重复的博弈之中，或许均衡的选择出自于一些外在因素，甚至可以假设是随机的。然而在演化博弈均衡中，我们可以容易地发现在此模型中存在着两个关键点：$(M-L)/M$ 以及 $(N-K)/N$。当这两个关键点的数值下降时，图中左下角矩形面积减小而右上方矩形面积增大；反之，当两个关键点的数值上升时，图中左下角矩形面积增大而右上方矩形面积减小。换言之，在长期的、重复的、互相学习的博弈之中，无论对于从业主体还是利益主体之间的任何一方，当违规收益（M 与 N）增加，而违规成本（L 与 K）减小时，这场博弈的参与者将自觉地大规模向失范均衡方向偏移而远离遵守规范均衡，最终产生一个长期的均衡选择。如有部分社会成员背离规范标准而更容易成功地实现目标，就有可能会导致社会系统中本来较不易受到冲击的其他个体创造出一个更易产生失范的环境，同时消解了制度规范对系统中其他个体的合法性，扩大了系统中的失范程度。[1] 在此情况下，博弈的结果与个人道德之类的内在条件无关，而完全是在外在形成的社会风气压力下做出的理性选择。

当从业主体中的一方选择失范获利而承担的代价趋于零时，难免会引发全体效仿的"破窗效应"。我遵守规范、维护规范，却不能获利，反之打破规范的人却能获利。眼前的利益只要通过"不合法但技术上可行"便唾手可得，那么此刻便形成了零和博弈，我不失范，别人失范，彼之所得必为我之所失。出于理性经济人的选择，人们便会趋于"随大流"的跟风投机行为。当失范的从业主体之间的关系逐步稳定化，

---

[1] [美] 罗伯特·K.默顿. 社会理论和社会结构 [M]. 唐少杰, 译. 南京：译林出版社, 2008：279.

并形成利益协调后，失范的游戏规则便形成了。后续的失范从业主体只要通过模仿习得失范的规则，就会进入失范的利益场，这样的失范运行机制可能会持久稳定地维系下去。

三、从业者与规范的博弈过程

假设从业者面临现行的规范时，将有三种可能性：（1）当从业者遵守规范获得规范收益，失范要付出失范代价时，规范的功能此时完全发挥了作用，保持了秩序的稳定，人们倾向于相信并持续遵守规范。（2）当从业者遵守规范没有获得收益，失范要付出失范代价时，此时规范并没有完全发挥作用，只是保持了秩序的部分稳定，人们倾向于临时地、不持续地相信并遵守规范。（3）当从业者遵守规范没有获得收益，失范也不用付出任何成本和代价时，规范的功能完全虚置，人们可能会选择无视规范。

在第三种情况下，现行的规范功能虚置，便可视为是"形式上的规范"。这不仅对从业者的失范行为起不到规范作用，还会在实践的缝隙中形成"第二种规范"，即在实际操作中行之有效的"潜规则"。各个领域当中有时会存在着两套规则并存的现象，表面上的规则未必是人们正在遵守或施行的准则。正如吴思先生所说的那样：中国历史当中充满了各种各样的"潜规则"，"潜规则"才是真正起作用的制度。[①] 按哈耶克"自发社会秩序"理论来分析，我们可以把潜规则看作是特定历史条件下规约人们社会活动与交往的"未阐明的"（unarticulated）"规则系统"，也就是通过当事人之间的互动和当事人与规则之间的互动演化出的一种自发的"合作的扩展规则"。[②]

---

① 吴思. 潜规则：中国历史中的真实游戏 [M]. 上海：复旦大学出版社，2009：193.
② 潘祥辉. 论中国媒介转型中的"潜规则"及其制度根源 [J]. 现代传播，2010（3）：8-13.

在实际操作中行之有效的"第二种规范",不断冲击着现行的规范——"形式上的规范",使其丧失权威性。从制度分析的角度看,正式规则的缺失或不透明增加了媒介运行中的"交易成本"和"损耗",抬高了媒介运行的成本,潜规则的负面作用在于它使得正式制度的"权威性"与"公信力"受到损害,也使国家在媒介的宏观管理上难度增加,管理成本居高不下。[①]

但"第二种规范"的存在对"形式上的规范"来说是挑战与机遇并存。失范严重的领域,通常是"第二种规范"盛行并存在着"形式上的规范"所忽略和无视的漏洞。确认"第二种规范"的存在是否,有利于反思和修正"形式上的规范"的缺陷。贴现率(Discount Rate)是现代经济学中的一个极重要的基本概念,是将一期后的收益或成本换算为当前价值的折扣率,或者说是将若干期后的收益或成本换算为当前价值的每期折扣率[②]。社会学家将这个经济学的概念移植到社会学,提出了社会贴现率(Social Discount Rate)[③]的概念。此处,将遵守规范获得的收益称之为规范的赢利率,将选择失范付出的失范代价称之为规范的贴现率,也就是规范的损耗率。规范贴现率是一种规范瓦解的非正常现象,如果规范贴现(规范损耗)与失范赢利的现象同时存在,则说明失范的

---

①潘祥辉. 论中国媒介转型中的"潜规则"及其制度根源 [J]. 现代传播,2010(3):12.

②张志强,俞明轩. 贴现率与资本成本:如何确定贴现率 [J]. 财经问题研究,2014(12):13.

③"一个高的社会贴现率,意味着人们对未来的责任感减弱,说明人们只追求眼前利益,变得鼠目寸光。商业上的毁约,政治上的失信,对设备保养掉以轻心,对环境破坏无动于衷,对下一代人不负责任,甚至今朝有酒今朝醉,都是社会贴现率高所表现的心态。所以社会贴现率上升是一个危险的信号,它导致社会的不稳定,人与人的联系减弱,机会主义的泛滥。"参见茅于轼. 中国人的道德前景 [M]. 广州:暨南大学出版社,2003:169.

机制已经形成。① 作为理智的经济人，每位参与者都会考虑机会成本②。当规范贴现（规范损耗）率大于失范赢利率时，这时候产生的是规范的正向激励机制，每个人都愿意维系规范，保持媒介生态和秩序的稳定。而当失范赢利率大于规范贴现（规范损耗）率时，产生的是规范的反向激励机制，可能会带来规范的相对剥夺感，不利于媒介生态和秩序的稳定。

"规范成本在本质上是一种道德成本，即为了认同规范的价值理念，在社会结构规定的规范中行事所付出的一切成本。与之相对的遵守规范的收益，指从遵守规范中（按照默顿的理论既是文化目标承认的又是制度化认可的手段）所获得的一切收益，包括物质的和精神的（如社会的赞扬）等等。"③ 从上面罗列的三组失范行为的博弈模型中，我们可以发现，当规范不能保证只有遵守规范的人才能获益、失范的人必会付出代价时，或者当失范代价太小，甚至失范收益大过于遵守规范的收益时，这种规范是存在巨大的漏洞和缺陷的。如果失范的从业者将失范作为主要的谋生手段，那么失范将成为一种生存方式，将建立一种普遍的持久性的价值观。这种失范的价值观促使通过失范获利的现象，将以模范的示范作用被更多的人模仿引发更大范围的失范。而在媒介转型时期，现行的制度结构和制度安排的缺陷产生了许多有利于失范的温床环境。丰富而隐蔽的网络新闻实践空间为失范行为创造了大量的机会和条件。利益个体或组织的利益诱惑，像是为温床中

---

① 朱力. 变迁之痛：转型期的社会失范研究[M]. 北京：社会科学文献出版社，2006：380.

② 机会成本是经济学中的核心概念，也是经济学中用以确认贴现率的常用方法之一。机会成本的具体含义是，一项资源存在数量的有限性和用途的多样性之间的矛盾，在这种情况下，选择一种用途就需要放弃其他用途，放弃的用途中最好（即收益最高）的用途的收益，即为所选择用途的机会成本。参见张志强，俞明轩. 贴现率与资本成本：如何确定贴现率[J]. 财经问题研究. 2014（12）：13.

③ 朱力. 变迁之痛：转型期的社会失范研究[M]. 北京：社会科学文献出版社，2006：359.

失范的幼苗浇上了生长剂，种种失范行为都极大地破坏了媒介的秩序和生态。

最后需要说明的是，真实的人与经济学模型中的"决策者"之间表现出的三重差异[①]：有限的理性、有限的意志力和有限的自我利益。这三重差异（Three Bounds of Human Nature）反映了人类解决问题的有限的认知能力，人们有时会做出不符合他们长期利益的选择，往往愿意为了帮助他人而牺牲自己的利益。真实世界里有极为复杂的人性，不可避免地充斥着非理性因素的干扰。2017年诺贝尔经济学奖得主希尔伯特·西蒙（Herbert Simon）提出的有限理性（Limited Rationality）很好地解释了这一观点。不过，变革中的新闻业充满着各种复杂的张力，因此，本节内容基于理性经济人的理论模型在实践中难免会出现局限。

章小结：

美国经济学家曼瑟尔·奥尔森（Mancur Lloyd Olson）在《集体行动的逻辑》（*The Logic of Collective Action*）中提出了"搭便车"理论，只有通过"有选择的激励机制"（selective incentives）有效地激励群体成员，并且遏制排斥群体利益的投机分子，才能杜绝小部分群体成员不付出努力还能坐享其成。这种"搭便车"的投机行为往往会带来规范的虚置和瓦解，破坏群体成员间长久以来默契形成的规则与秩序，使其无法正常运作。如何让小部分群体成员放弃私利而让渡利益于群体呢？涂尔干认为，整个社会群体间共享的道德观念是维系整个社会的重要机制。这样的共同意识（common consciousness）可以动员人们更多地表现出社会性行为，协调人们为群体目标进行合作，缓和个人利益与公共利益之间的冲突。

[①] Sendhil Mullainathan, Richard H. Thaler. Behavioral Economics. International Encyclopedia of Social Sciences (1st edition) [M]. Oxford, UK: Pergamon Press，2001：1094-1100.

第五章　建构网络新闻伦理的规范体系

第一节　建构多元主体协作的多维治理机制

　　前几章由表及里，从什么是"范"谈起，再谈到什么是"伦理失范现象"，再到失范现象背后的动机和行为模式，这一章将要探究媒介转型时期网络新闻伦理失范现象治理的策略和方案。本书认为，规范网络新闻伦理是一个系统工程，不能仅仅依靠单一的快速出拳，更应坚持以系统的方法打出治理组合拳，从而实现治理效果最优化。需要多主体联合共治，政府应宏微并重、软硬兼施，健全法律法规；社交平台要努力构建行为规范体系和防范机制；从业者要加强自我鞭笞，内化新闻职业道德；受众要努力提升自我的媒介素养，提高对网络媒体的辨别反思能力。本节以网络新闻伦理失范的主要问题——谣言治理为例，详细阐明多元主体协作的治理机制。具体的治理措施如下：

一、政府：宏微并重的法律法规建设

诺贝尔经济学奖得主罗纳德·科斯（Ronald Harry Coase)认为：言论与一般产品并无不同，因此政府介入规范二者的水平，应该相当。[①] 随着新技术的发展，新闻传播中的新问题不断涌现，这就需要我国互联网信息管理部门出台或完善相应的法制，及时修正相关法律规章制度，以应对新媒体中的新问题。根据问题出台具有针对性，且具有便捷性和可执行性的法律尤为重要。但在现实世界中，法律不会因为某个局部的新现象和新状态就频繁地改动。因此行政法规、行政规章、地方性法规、司法解释可以作为它们的及时补充。部门规章、司法解释、规范性文件以及职业道德规范成为我国新闻规范体系的主导。这些规范都有普遍约束力，但这种约束力主要局限于新闻媒体内部和新闻业自身，而不是由国家力量进行强制。另外，我国现行新闻规范有待进一步地细化，对新闻传播活动主体的限制多于对其保护。要解决上述问题，我们就必须突破旧的思想观念的桎梏。一方面，抛却传统的"人治"观念，树立"法律至上"的观念；另一方面认识到法律规范的正向意义，各界合力提升新闻规范的等级体系。

北京师范大学法学教授刘培峰认为，对新媒体管控不能过度，"应该更加开放媒体，形成网络媒体与传统媒体的有效互动，更加公开信息以及稀释极端的信息，通过组织化使意见的集结、整合形成主导舆论，这可能是积极的应对措施，限制控制可能是一种消极的措施"[②]。"从教会到封建王权再到早期的资产阶级政权，西方印刷媒介的内容监管制度经历了禁书目录、特许检查、法律控制、经济控制等变革。从这

[①] 转引自冯建三. 科斯的传媒论述：与激进的反政府论对话[J]. 台湾社会研究季刊（台湾），2007年12月第68期：361.

[②] 刘培峰. 对新媒体管控不能过度[EB/OL]. 搜狐传媒，2013年12月4日. http：//media.sohu.com/20131204/n391272081.shtml.

种历时性的制度变迁轨迹中我们得出的启示是：媒介的内容监管必须基于言论出版自由原则；内容监管不能以牺牲媒介的商业化发展为代价；内容监管的同时还可以辅以媒介利用。认识这些对我们今天媒介管制政策的制定仍有一定的意义。"① 对互联网新闻的法律规制不仅仅意味着要"管制"或"约束"，更要"培育""促进"和"保障"。

首先考察下"规制"的概念。这一概念最初源自经济学，如regulation 一词常被翻译为"规制"或"管制"。"规制"的译法最早见于日本经济学家植草益《微观规制经济学》。日本经济学家将英语regulation 或 regulatory constraint 译成"规制"，认为译成"管制""控制""调整""调控""规定"等都不符合愿意，而只有"规制"最符合原义。② 植草益认为，通常意义上的规制，是指依据一定的规则对构成特定社会的个人和构成经济的经济主体的活动进行限制的行为。③ 日本经济法学家金泽良雄教授对于规制的范围持有更广义的理解，他认为"规制不仅包括消极的限制和禁止，而且包括积极的鼓励和促进……鉴于公共规章的立法和执法实际，对规制的广义理解是较为可取的，即规制应包括积极诱导和消极压抑两个方面。"④

放松规制（deregulation），是指政府取消或减少对自然垄断或其他产业的进入、价格等行政、法律规制。⑤ 西方国家媒介融合下的放松规制主要是指将规制重心从规制"市场结构"向规制"垄断行为"转移，不再盲目地反垄断，而是注重对垄断结构下的效力分析，简言之，就

---

① 黄春平.西方印刷媒介内容监管的制度变迁及历史启示[J].中国出版，2010（6）：61.

② [日]植草益.微观规制经济学[M].朱绍文，译.北京：中国发展出版社，1992：译后记.

③ [日]植草益.微观规制经济学[M].朱绍文，译.北京：中国发展出版社，1992：1.

④ 苏力，张守文.规制与发展——第三部门的法律环境[M].杭州：浙江人民出版社，1999：214-215.

⑤ 金雪涛.英国广播电视也规制之借鉴[J].华东经济管理，2004年第18卷（2）：89.

是在一定程度上放松对市场结构的渴求,"市场集中率"不再是规制调整的评判标准。①

另外,从本质上来说,谣言得以蔓延的背后是受众对真相的渴求。政府应敢于向"过滤性公开"这样的沉疴痼疾开刀,主动打破固有的信息"玻璃门",转变工作理念,及时地进行信息公开与发布,保障受众的知情权。

二、直属管理机构:常态化柔性约谈

在网络技术日新月异的社交媒体时代,现行的规章制度未必能囊括日新月异的技术发展和实践探索带来的新情况和新问题,成文的规章制度总有一定的滞后性。正如前文所说,《互联网新闻信息服务管理规定》的新旧两个版本分别诞生于门户时代和社交网络时代。因此,将柔性的约谈制度作为常态化管理的补充手段,具有重要的现实意义。行政约谈契合了社会治理由"反应型"向"预防型"转变的时代任务,内化了服务行政的理念。②约谈是指管理部门针对下属组织机构存在的问题,用沟通协商、学习政策法规、分析讲评案例等方式,给以警示告诫和通报批评等的非强制性行政手段。这种柔性的管理方式将网络内容治理从"事后追惩"转变为"事前预防",对新闻传播实践进行及时的规范指导。当代行政关系的产生与发展单靠行政权的拘束力和执行力已独木难支,更多的行政法关系在"提供—接受""协商—合作""诱导—选择"中游移、选择并实现。③

2015年2月2日和4月10日,国家互联网信息办公室先后对违法

---

①徐铁瑛.规制变革——中国媒介融合发展的路径选择研究[M].北京:首都经济贸易大学出版社,2015:129.
②孟强龙.行政约谈法治化研究[J].行政法学研究,2015(6):99.
③郑毅.新宪政视角下的行政权和相对人权——困境、诠释和制度建构[M].朝阳法律评论(第3辑),北京:中国华侨出版社,2010:194.

违规情形较为严重的两家知名网站进行了约谈。一时间"约谈"二字成为互联网界的热词，其对网站出现的网络违法、违规行为的警示和纠偏作用立竿见影。约谈的效果明显，但约谈的原因、内容、形式对绝大部分网站和网民而言却模糊。怎样会被约谈，谁来谈，谈些什么，谈完之后怎么办？

2015年4月28日，国家互联网信息办公室发布《互联网新闻信息服务单位约谈工作规定》（以下简称"约谈十条"），较为清晰地回答了这些问题。它首先对约谈的行政主体、行政相对人、实施条件、方式、程序等作了明确规定。最为关键的是，"约谈十条"划定了实施约谈的9种具体情形：未及时处理公民、法人和其他组织关于互联网新闻信息服务的投诉，举报情节严重的；通过采编、发布、转载、删除新闻信息等谋取不正当利益的；违反互联网用户账号名称注册、使用、管理相关规定情节严重的；未及时处置违法信息情节严重的；未及时落实监管措施情节严重的；内容管理和网络安全制度不健全、不落实的；网站日常考核中问题突出的；年检中问题突出的以及其他违反相关法律法规规定需要约谈的情形。这一文件的出台旨在使约谈工作程序化、规范化，更好地促进互联网新闻信息服务单位依法办网、文明办网，共同营造清朗的网络空间。①

在"约谈十条"出台之前，约谈作为一种行政管理方式就已经在网信部门的日常监管中使用了。在国家互联网信息办公室的官方网站上以"约谈"为关键词搜索，能获得从2013年至今的632篇相关内容，比如，截至2014年9月，安徽省互联网宣传管理办公室当年已集中约谈违规网站20余次，督促指导网站设立网络谣言和虚假信息举报窗口。② 2014

---

① 互联网新闻信息服务单位约谈工作规定 [EB/OL]. 国家互联网信息办公室官方网站，2015年4月28日. http://www.cac.gov.cn/2015-04/28/c_1115112600.htm.

② 夏胜为. 安徽省净化网络环境 今年关闭违法网站逾120家 [EB/OL]. 国家互联网信息办公室官方网站，2014年4月3日. http://www.cac.gov.cn/2014-04/03/c_126352451.htm.

年以来，随着约谈制度的程序化和规范化，约谈工作不断地促进着我国网络内容管理的灵活性和高效性。

三、社交平台：构建用户行为规范体系

当前我国主要的社交媒体平台大多设计了较为完善的谣言举报与惩罚体系，社交平台的辟谣机制正趋于常态化。平台运营商努力自我约束，致力于构建社交媒体平台及用户的行为规范体系，开启全民自律的社交新时代。

《微信公众平台运营规范》明确规定了谣言类内容"属严重违规……任何微信公众帐号均不得以任何形式实施"[1]，一旦发现采取功能封禁、封号注销等处理手段。微信公众平台的辟谣中心与28家媒体合作，通过用户举报收集疑似谣言，举报数达到某个值将会触动人工处理，将疑似谣言推送给第三方机构进行评估，被第三方评估为谣言的公众号文章会加入评估结论及科普文章。腾讯新闻《较真》栏目（微信号：Fact_Check）致力于新闻查证，对各种假新闻、缺陷新闻、谣言、钓鱼贴、营销贴进行查证溯源和探查真相；同时推出线下沙龙，如2016年以食品药品为主题、2017年以医疗卫生类为主题，集学界与业界的力量共同探讨事实查证与应对之策。

类似的做法微博平台也有实践，被评估为谣言的微博内容将被打上"不实信息"或"已辟谣"等标签。另外，新浪微博也在净化网络空间中出台了相关措施。2012年5月，新浪微博发布了社区公约体系[2]，该系统如同现实中的社区制度一样，明确微博用户的权利和违规行为的处理机制，加强社区成员的行为规范和责任感。举报信息连同

---

[1] 微信团队.微信公众平台运营规范[EB/OL].微信公众平台，https://mp.weixin.qq.com/mp/opshowpage?action=newoplaw.
[2] 新浪推出首个微博社区公约[EB/OL].央视网，2012年5月9日.http://news.cntv.cn/20120509/112118.shtml.

处理流程将作为"公开卷宗"在社区中直播处理进度和最终处理结果。举报信息一经核实，将扣除信息发布者的个人信用积分，当信用积分低于80时，部分社区权限予以限制，当积分为0时账号将被永久冻结。2013年7月，新浪又推出"全平台谣言公示系统""移动端辟谣系统""谣言通知系统""谣言舆情监测"四套谣言阻击系统[①]；2017年1月，新浪依据移动互联网、社交媒体平台的新特点和新规律，修订上线新版《微博社区公约》，继续将整治不实信息作为工作重点。[②]可以说，新浪微博为治理谣言也是不遗余力。

四、信息发布主体：明晰权责利，内化新闻职业道德

社交媒体中的信息发布者与信息接受者的身份常常出现重合、交融的状态，即信息发布者，同时也是信息接受者，需要对其身份进行责、权、利的明确。新闻职业道德是无形的，应内化于从业者的职业观念之中，外化于从业者的职业实践之时。新闻职业道德应依赖于从业者的自愿自觉，否则便沦为空谈。

（一）明确从业主体的角色和义务

2005年，国务院新闻办公室、信息产业部公布实施了《互联网新闻信息服务管理规定》，该规定立足于门户时代，总体内容完备、明确，在历时十多年的互联网新闻信息管理实践中发挥了举足轻重的作用。随着互联网技术的快速发展，尤其是微博、微信客户端的普及，该规定已不足以适应现阶段的发展需要。2017年5月初，国家互联网信息办公室公布了新修订的《互联网新闻信息服务管理规定》，再次明确了互联网信息登载的主体："通过互联网站、应用程序、论坛、博客、微

[①]新浪微博信用零分将永久封号[EB/OL].中国青年网，2013年7月9日.http：//news.youth.cn/sh/201511/t20151124_7343485.htm.

[②]微博管理员.新版《微博社区公约》及配套社区规则上线公告[EB/OL].新浪微博，2017年1月25日.https：//weibo.com/ttarticle/p/show?id=2309404067742150957884.

博客、公众账号、即时通信工具、网络直播等形式向社会公众提供互联网新闻信息服务,应当取得互联网新闻信息服务许可,禁止未经许可或超越许可范围开展互联网新闻信息服务活动。"[①]这也就意味着通过微信微博发布新闻信息必须取得相应的资质许可。

但在现实中,一些不具备登载信息服务资格的社交媒体账号,依然在发布新闻类信息。由于社交媒体传播链的闭合性和隐蔽性,会使一些非法网络信息,尤其是会使网络谣言得以在闭合的链条上逃脱监管,得以传播。对这种现象,新规定强化了监督举报制度,明确要求互联网信息平台建立健全平台信息的举报体系。国家网信办也公开接收信息举报的处理,以此通过责、权、利的明确,对互联网信息发布设置了发布身份和发布内容的双重"把关"。

(二)职业道德应内化于心外化于行

技术的赋权降低了媒体行业的准入门槛,新闻生产的主体多元化极大地提升了对媒介内容的需求,大量新媒体平台和账号野蛮生长,缺少基本训练的从业人员海量增长。社交媒体中自媒体运营者,应加强自我鞭笞,主动提升新媒体编辑的媒介素养,树立良好的职业道德理念。

新闻职业道德是从业者在长期的新闻传播实践中逐步形成的有关职业行为规范的共识,是一种内化的自我约束机制。在传统新闻业中,新闻职业道德的准则和信条通常由学会、协会或研究会等行业自律、培训、评估或由相关机构制定。职业道德规范不以国家强制力,如军队、警察、法庭等为保障,主要是通过后天习得、舆论和传统等方式形塑规训内在的行为动机。新闻职业道德是社会道德体系中的重要组成部分,它调节从业者及其从业者之间的职业关系,维护行业的社会声誉,实现行业稳定发展。

---

①中国网信网. 互联网新闻信息服务管理规定 [EB/OL]. 国家互联网信息办公室官方网站, 2017 年 5 月 2 日. www.cac.gov.cn/2017-05/02/c_1120902760.htm.

五、受众：提升媒介素养

网络媒介素养是指受众在使用网络过程中对信息的辨别、理解与批判的能力。网民的媒介素养主要包括网民的媒介认知能力、媒介接触技能、媒介批判能力以及媒介使用动机等。对于网民媒介素养的培养，应当重视网民的媒介的批判能力和批判意识。中国的网民具有极大的情绪化和非理性的倾向，常常看到一些网民对于一些信息的情绪化传播，如看到一个有关食品安全、财产安全、生命安全的信息，未经思考，随意转发。随后该信息被有关部门证实为虚假信息后，更是很少看到转发信息的人对自己转发的信息加以澄清和纠正。而有些信息只要稍加思考，便可以得出其信息的真假判断，如"买卖儿童器官"的谣言，但是依然有网民不假思索，将这些危言耸听、反复"改头换面"的谣言随意扩散。

早在1947年美国心理学家戈登·威拉德·奥尔波特就提出了谣言传播力的公式 $R=I \times A$ [1]，即谣言（的传播力）=（信息的）重要性×模糊性。也就是说谣言和人们迫切关心的议题的重要性紧密相关，并由于信息的不确定性而增强了传播力。1953年肖吕斯在此基础上提出了 $R=I \times A/C$ 的谣言传播公式[2]，他认为谣言传播者的批判能力（即公式中的C）越高，谣言的传播力就越弱。我国学者尹良润结合微博的特点，增加了四个变量，提出了微博谣言的传播公式：微博谣言＝模糊性×重要性×参与者可信度×参与者活跃度×信息关联性×转发次数×a（围观者态度）÷参与者批判能力[3]，其中将造谣者、围观者和传

---

[1] [美]奥尔波特，等. 谣言心理学[M]. 刘水平，等译. 辽宁教育出版社，2003：12.

[2] Tamotsu Shibutani, Improvised News: Sociological Study of Rumor [M]. Indianapolis: The Bobbs-Merrill Company INC.1966：127.

[3] 尹良润，徐速. 微博科技谣言传播影响因素的实证分析——兼论微博谣言传播公式[J]. 当代传播，2015（3）：83.

谣者的批判能力和可信度都纳为决定性变量。由此可见，谣言既可源于网民，亦可终于网民。网络的关口数以亿计，在网络信息的关口中，信息终端的网民更易发挥"鹰眼"的扫描作用。提升网民的网络素养，也是阻击网络谣言传播中不可或缺的一环。

2017年9月27日，微博专门建立了社区监督员机制，面向所有用户公开招募1000名微博监督员。微博监督员通过特殊的举报机制针对微博上的涉黄、违法及有害信息进行举报处理，站方将根据举报统计情况向合格的微博监督员按月发放网费补贴，并赠送微博会员。同时对每月有效举报数量最多的微博监督员给予物质奖励。"此举主要是在北京市网信办的指导下，为落实企业主体责任，强化网民监督，净化微博社区环境，有效处置微博上的涉黄、违法及有害信息。"[①]

社交媒体中的谣言传播，是基于社交关系的传播，兼有网络人际传播和大众传播的特点。在其治理上，应当理清其传播的关系链条与关联主体，建立以政府为主导，调动多方的主体性和主动性，探求多元协作的治理模式方可取得切实的成效。虽然从网络技术上，对于谣言的识别越来越智能，但是，谣言滋生与传播的通道，归根结底还在网络用户之中，提升网民对信息的识别能力、批判能力和思考能力，是最终遏制网络谣言蔓延的关键。

本节小结：

泥沙俱下的网络内容生态中，劣币驱逐良币是病态，优者胜劣者汰才应是常态。[②]网络新闻伦理失范的治理，应该是以政府为主导，将新闻内容生产链中的相关主体引入治理过程，调动多方的主体性和主动

[①]微博管理员. 共同监督 净化微博[EB/OL]. 新浪微博，2017年9月27日. https：//weibo.com/1934183965/FnJrheNZ9.

[②]许晴. 互联网少些噱头多些看头[N]. 人民日报，2018年02月22日.

性，探求多元主体协作的治理模式。而协作治理能够运作的根本在于，多元主体形成了以法律法规为基准，以公共利益为取向，以促进新闻事业有序发展为目标的这样一种共识。

第二节 职业社会学视域下网络新闻边界的重塑

在绪论的研究方法中,曾阐明了本书是由表及里,从现象谈起,深入到现象背后的深层原因,以便探求出治理的策略和方案。事实上,作者认为,首先应该从根本上厘清网络新闻的边界。现有的很多失范现象源于技术带来的新问题和新变化,技术让新闻概念的内涵与外延发生了变化,新闻原本建立的边界不断模糊。因此,本节试图从职业社会学的角度出发,以《互联网新闻信息服务管理规定》的修订为例,探讨网络新闻是如何扩张、驱逐和保护自主性的。

一、专业、管辖权和边界工作

职业社会学是研究职业与社会的关系和有关职业的社会问题的一门社会学分支学科。主要研究职业结构,职业与家庭、经济、教育制度的关系,职业与阶级、社会阶层的关系等问题。专业(profession)被视为是一种职业的权力关系;专业化(professionalization)系某一职业的成员集体巩固与获取权威以控制工作的过程;专业主义(professionalism)则可视为一种特殊形式的社会工作系统,经由此系统,该职业的成员得以约束自我的行为。[1]专业记者试图为其新闻专业建立管辖权,是不甘于失去原有对新闻专业知识的垄断,而博客作者等透过对新闻生产过程的参与是与之争夺新闻报道的职业控制并重新界定

---

[1] [美]安德鲁·阿伯特.职业系统:论专业技能的劳动分工[M].李荣山,译.刘思达,校.北京:商务印书馆,2016:57.

抽象的新闻知识的内核。[①]

芝加哥大学社会学系教授安德鲁·阿伯特（Andrew Abbott）在《职业系统：论专业技能的劳动分工》（*The System of Professions: An Essay on the Division of Expert Labor*，1988）一书中提出管辖权冲突（jurisdiction conflict）理论，他将职业（profession）与业务（task）结合起来的社会纽带定义为管辖权（jurisdiction），即每个职业都是在各种管辖权的控制下开展活动的。管辖权要求（jurisdiction claim）是在相对正式的法律和舆论系统、工作场所这样的非正式领域中提出来的，而管辖权往往具有排他性的要求，这就是所谓的管辖权冲突。也就是说，管辖权一旦归某个职业所有，其他职业就不能合法地从事这项工作；一个专业的管辖权变化就必然与其他专业的管辖权变化相联系，一个专业的管辖权扩张也就意味着另一个专业的管辖权收缩。正是由于管辖权的排他性，这一理论的最大特点在于将同一个工作领域中共存的多个专业视为一个生态系统，不同的专业为了工作的管辖权而相互竞争。

边界工作（Boundary Work）是科学社会学家托马斯·吉尔因（Gieryn T.F）在研究科学化界问题时提出的重要概念。[②]吉尔因在1983年发表的一篇论文中提出这一概念，着重讨论科学家如何在科学与非科学之间建构边界：（1）扩张（expansion），即通过强调科学家与其他专业人士的优劣对比使自身处于有利地位，从而进入被其他专业或职业占据的领域；（2）驱逐（expulsion），通过对竞争者贴上"假冒的""越轨的""业余的"等标签将其界定为局外人，实现权威和资源的垄断；（3）保护自

[①] 白红义. 塑造新闻权威：互联网时代中国新闻职业再审视[J]. 新闻与传播研究，2013（1）：33.

[②] Thomas F. Gieryn, Boundaries of Science, in Handbook of Science and Technology Studies [M]. Thousand Oaks, CA: Sage.1995: 393-443. 转引自马乐. STS中的边界研究——从科学划界到边界组织[J]. 哲学动态，2013（11）：84.

主性（protection of autonomy），即组织外力挑战科学权威，保护与科学权威相联系的资源和特殊利益。[①]

马特·卡尔森在吉尔因三种类型边界工作的基础上，又划分出参与者（participants）、新闻实践（practices）与专业主义（professionalism）。[②] 刘思达在中国律师职业的研究中提出了分界（boundary-making），合界（boundary-blurring）与维界（boundary-maintenance）三种形式。（见下表）分界是行为主体进行自我区分的机制，合界是对现存的模糊，维界是在相互冲突的行为主体之间的定界过程中维持均衡状态。[③]

表 13 新闻业的三种边界

边界	参与者	新闻实践	专业主义
扩张	吸纳非传统记者	新媒体实践成为可被认可的实践	吸收新媒体成为可接受的新闻业
驱逐	排除异常主体	排除异常实践	排除异常形式和价值
保护自主性	免受非新闻的信息主体影响	维持界定正确实践的能力	保护免受非专业局外人影响

---

① Thomas F. Gieryn, T., Boundary-work and the demarcation of science from non-science: Strains and interests in professional ideologies of scientists [J]. American Sociological Review, 1983, 48(6): 791-792; Thomas F. Gieryn. Cutural boundaries of science: Credibility on the line [M]. Chicago, IL: University of Chicago Press, 1999: 15-17. 转引自：陈楚洁，袁梦倩. 新闻社群的专业主义话语：一种边界工作的视角 [J]. 新闻与传播研究，2014（5）：57.

② Carlson M., Lewis S.C. Boundaries of Journalism: Professionalism, Practices and Participation [M]. New York, NY: Routledge, 2015: 10.

③ 刘思达. 割据的逻辑：中国法律服务市场的生态分析 [M]. 上海：上海三联书店，2011：7.

二、合界与分界：对《互联网新闻信息服务管理规定》修订内容的审视

在媒体技术不断更新并发展蓬勃的今天，新闻业面临的挑战将日益严重，组织重构与流程再造带来了新闻生产的新逻辑。边界工作概念揭示的其实是一个局内人的视角，即在一个新的媒介生态中，新闻职业群体如何通过特定的话语策略在边界竞争中维护自身的职业地位。安德鲁·阿伯特等三位学者一脉相承的理论研究给笔者带来了启发，本书试图探索职业共同体如何通过官方话语（法律规定）来确立、争夺和巩固新闻业的边界，构建社交网络时代的权威。2005年，国务院新闻办公室、信息产业部公布实施了《互联网新闻信息服务管理规定》（以下简称旧规），对互联网新闻管理做出了规范。这部部门规章的规定是互联网新闻管理的重要规范。2016年1月12日至2月15日，国家互联网信息办公室通过"中国政府法制信息网"向社会公开征求对《互联网新闻信息服务管理规定》（修订征求意见稿）的意见。在百度指数[①]中以"互联网新闻信息服务管理规定"为关键词搜索可以看到：2011年至今百度指数一直平缓趋于零，但在2017年5月1日出现搜索热度，媒体指数也相应出现了一个小高潮。2017年5月初，国家互联网信息办公室公布了新修订的《互联网新闻信息服务管理规定》。2017年5月9日，国家网信办有关负责人就《规定》公开答疑解惑。2017年6月1日，新版《规定》正式开始施行。2017年6月6日，相关专家跟进解读《规定》。这一现象得益于新版《规定》诞生于社交媒体盛行的时代，《规定》的内容与互联网用户的利益息息相关，在社交网络和学界引起了广泛的关注与讨论。

---

①数据引自百度指数，网址 http://index.baidu.com。百度指数是以百度海量网民行为数据为基础的数据分享平台。

在中国知网（CNKI）以"互联网新闻信息服务管理规定"为主题词搜索，可以看到发表于2017年的相关论文主要集中在新闻传播（30篇）、法学（1篇）、信息经济（2篇）和互联网技术（2篇）等专业领域。在新闻传播领域中，论文主题多为对规定的解析与述评[①]，或以新闻实践为案例研究作为解决对策出现[②]。

（一）合界：对新媒体实践的认可

1. 对互联网新闻信息服务单位的扩张

回顾一下两部《规定》的时代背景。2005年，四大门户网站新浪、网易、搜狐、腾讯呈飞快发展之势，几乎占领了中国整个门户网站的市场。旧规定立足于门户时代，总体内容完备、明确，历时十多年在互联网新闻信息管理实践中发挥了举足轻重的作用。然而，随着互联网技术及应用的快速发展，微博、微信客户端等的出现和普及，适用于"门户网站"时代的旧规定已不足以适应新阶段的发展需要，对其修订和更新恰逢其时。旧规定中将互联网新闻信息服务单位分为三类：一类资质指的是新闻单位设立的网站，如人民网、新华网等；二类资质是新浪网、搜狐网等商业门户类网站；三类资质是新闻报刊、杂志的电子版。新规定为顺应媒介生态发展，调整了许可对象，基本上涵盖了目前的媒介形式，如"互联网站、应用程序、论坛、博客、微博客、

---

① 参见匡文波.依法治理假新闻的关键一招——谈2017年版《互联网新闻信息服务管理规定》[J].中国记者，2017（6）：11-13；林忠礼.网信新规：给新闻网站固本清源、壮骨提气、标杆立尺[J].中国记者，2017（6）：9-10；张先国.机遇变现，挑战犹存：互联网管理新规对新闻网站的影响分析[J].中国记者，2017（6）：11-13；徐世平.新闻传播秩序得以维护 主流媒体面临发展机遇——解读《互联网新闻信息服务许可管理实施细则》[J].中国记者，2017（6）：13-16；徐蓉.牢牢把握正确舆论导向 旗帜鲜明彰网络主权——对互联网管理新规的把握与理解[J].中国记者，2017（6）：17-19.

② 参见靖鸣，王瑞.网络谣言传播的技术根源、类型以及相应对策[J].新闻与写作，2012（5）：16-19；廖声武，谈海亮.网络环境下新闻作品版权利益平衡[J].新闻前哨，2017（7）：8-12；刘乐，陈全义：全媒体时代如何打造风清气正的网络空间[J].青年记者，2017（18）：85-86.

公众账号、即时通信工具、网络直播等形式"。同时，更加具体地规范了互联网新闻服务提供者的六项资质要求，如"在境内依法设立的法人""主要负责人、总编辑是中国公民""有专职新闻编辑人员、内容审核人员和技术保障人员"等。①此举打破了三分法，可以理解为最大程度上对用户广泛的新兴媒体实践进行了吸纳和收编。

新华社"舆论引导有效性和影响力研究"课题组的研究成果表明，判断主流媒体有六条标准②其中第一条是具有党、政府和人民的喉舌功能，是党、政府和广大人民群众意志、声音、主张的权威代表；第二条是要体现并传播社会主流意识形态与主流价值观，坚持并引导社会发展主流和前进方向，具有较强影响力。这两条是在政治性上的方向性要求。2017年知乎和斗鱼相继成立了党支部，引起舆论关注。2017年，知乎在首都互联网协会党委的批准下，成立了支部委员会，并正式召开了第一次党员大会。③2017年6月，直播平台斗鱼在武汉成立了党支部，打出网红般的口号"直播到哪，党建就推进到哪"④。百度、腾

---

① 网信办. 互联网新闻信息服务管理规定 [EB/OL]. 国家互联网信息办公室官方网站，2017年5月2日. http://www.cac.gov.cn/2017-05/02/c_1120902760.htm.

② 判断主流媒体有六条标准：1. 具有党、政府和人民的喉舌功能，具有一般新闻媒体难以相比的权威地位和特殊影响，被国际社会、国内社会各界视为党、政府和广大人民群众意志、声音、主张的权威代表；2. 体现并传播社会主流意识形态与主流价值观，在我国即是社会主义意识形态和与之相适应的价值观，坚持并引导社会发展主流和前进方向，具有较强影响力；3. 具有较强公信力，报道和评论被社会大多数人群广泛关注并引以为思想和行动的依据，较多地被国内外媒体转载、引用、分析和评判；4. 着力于报道国内外政治、经济、社会、文化等领域的重要动向，是历史发展主要脉络的纪录者；5. 基本受众是社会各阶层的代表人群；6. 具有较大发行量或较高收听、收视率，影响较广泛受众群。参见课题组. 主流媒体如何增强舆论引导有效性和影响力之一：主流媒体判断标准和基本评价 [J]. 中国记者，2004（5）：10.

③ 首都互联网协会党委. 知乎成立党支部并召开第一次党员大会，全体66名党员参加 [EB/OL]. 澎湃新闻，2017年8月23日. https://www.thepaper.cn/newsDetail_forward_1772245.

④ 郑良中，张隽玮. 斗鱼成立首家网红党支部：直播到哪，党建推进到哪 [EB/OL]. 环球网，2017年6月30日. https://society.huanqiu.com/article/9CaKrnK3OUK.

讯、网易等非公科技类公司也曾成立了党支部。这样的举动不难理解，主动向主流意识形态和价值观靠拢，能够经受住党和人民群众的考验，才有可能、有资格获得在舆论场上合法合规续存这样的"稀缺资源"。这也从侧面说明了当下中国的媒体融合是一种国家/政府驱动型融合，也就是说当下中国媒体融合的主要驱动因素是"政府对新媒体发展的实质性介入"，其本质是为了争夺网络话语权，最终目标是"解决如何将其转变为喉舌或接近喉舌的问题"。[①]

2.对互联网新闻信息的从业者的吸纳

如前文所述，旧规定中将互联网新闻信息服务单位分为三大类，相应的，从业者也被分为三个部分。我国对记者身份的管理主要通过新闻记者证进行管理。新闻记者证，作为记者从事本职工作合法身份的证明，通过统一归口管理，可以对记者的行为产生有效的约束。

2000年国务院新闻办、信息产业部发布了《互联网站从事登载新闻业务管理暂行规定》，其第七条规定：商业网站"经批准可以从事登载中央新闻单位、中央国家机关各部门新闻单位以及省、自治区、直辖市直属新闻单位发布的新闻的业务，但不得登载自行采写的新闻和其他来源的新闻。非新闻单位依法建立的其他互联网站，不得从事登载新闻业务。"[②]三分法打破之后，为互联网新闻从业人员"合法"身份的确认和保障提供了可能性。如新规的第十一条所述："互联网新闻信息服务相关从业人员应当依法取得相应资质，接受专业培训、考核……应当具备新闻采编人员职业资格，持有国家新闻出版广电总局统一颁发的新闻记者证。"[③]不过这并不是第一次"转正"。2014年10

[①] 杨伯溆.媒介融合与国家介入的意义——以新媒介平台新浪微博为例[J].当代传播，2015（5）：54-58.

[②] 国务院新闻办公室.信息产业部发布互联网站从事登载新闻业务管理暂行规定[EB/OL].中国政府网，2000年11月6日.http://www.gov.cn/gongbao/content/2001/content_132314.htm.

[③] 网信办.互联网新闻信息服务管理规定[EB/OL].国家互联网信息办公室官方网站，2017年5月2日.http://www.cac.gov.cn/2017-05/02/c_1120902760.htm.

月，国家新闻出版广电总局与国家互联网信息办公室联合发布了一份具有历史意义的文件《关于在新闻网站核发新闻记者证的通知》，决定对具备资质并符合条件的新闻网站的部分新闻采编人员核发新闻记者证，但仅限于一类资质网站。

（二）分界：面向新闻实践的自我区分

1. 变更监管单位

旧规是由国务院新闻办公室、信息产业部发布。国务院新闻办公室组建于1991年1月，国务院新闻办的工作目的是促进中国与世界各国之间的沟通了解与合作互信，通过组织新闻报道，为维护世界的和平稳定和推进人类进步事业发挥积极的建设性的作用。信息产业部[①]主要负责拟订实施行业规划、产业政策和标准，管理通信业，指导推进信息化建设，协调维护国家信息安全等。新规是由国家互联网信息办公室发布，该部门成立于2011年5月。成立后将集中统一"负责网络新闻业务及其他相关业务的审批和日常监管，指导有关部门做好网络游戏、网络视听、网络出版等网络文化领域业务布局规划"[②]，这一规定有望结束长期以来我国互联网存在的多头管理现象，通过一定程度的整合统一了管理权限和部门，更加有利于统筹协调，对互联网的信息管理也更加合理有效。[③]

旧规中，国务院新闻办公室和省、自治区、直辖市人民政府新闻办

---

① 2008年之前，工业行业管理由国家发展和改革委员会、国防科学技术工业委员会、信息产业部分别负责、管理分散，不利于工业的协调发展。2008年6月29日组建工业和信息化部，加强整体规划和统筹协调，对相关职责进行整合。故此处沿用旧称。

② 国家互联网信息办公室的主要职责[EB/OL].国务院新闻办公室网站，2012年1月20日. http://www.scio.gov.cn/m/zhzc/9/6/Document/1086658/1086658.htm.

③ 国家互联网信息办公室设立[EB/OL].国务院新闻办公室网站，2011年5月4日. http://www.scio.gov.cn/zhzc/8/5/Document/1335496/1335496.htm. 国务院新闻办公室信息产业部发布互联网站从事登载新闻业务管理暂行规定[EB/OL].中国政府网，2000年11月6日. http://www.gov.cn/gongbao/content/2001/content_132314.htm.

公室负责各级"互联网新闻信息服务监督管理工作"[①];而新规中,各级互联网信息办公室负责"互联网新闻信息服务的监督管理执法工作"。[②]新旧规定中的职责变化了,增加了执法工作。与此前2014年8月公布的《国务院关于授权国家互联网信息办公室负责互联网信息内容管理工作的通知》保持一致,国务院"授权重新组建的国家互联网信息办公室负责全国互联网信息内容管理工作,并负责监督管理执法"。[③]

2. 维持职业群体的门槛

在涂尔干看来,要想重新进行社会整合只有一剂良药,即重新建构职业群体,把集体意识的属辖范围缩小,重新建立职业规范和职业伦理。"公民新闻"的支持者通常认为"公民新闻"能够解决主流媒体的公信力不足的问题,但是批评者则指出"公民新闻"往往不符合新闻标准,所提供的信息至多是存疑的信息。[④]上文所说打破三分法及对用户广泛的新兴媒体实践的吸纳和收编,并不是对公民新闻敞开了怀抱。在新规的第六条中,明确了六项申请互联网新闻信息服务许可的资质要求,如合法的法人身份,主要负责人的国籍要求,相关职能岗位的人才需要拥有相应资质,要有信息服务、信息安全和技术保障三方面的管理规章制度,要有场所、设施和资金的硬件条件。[⑤]各级网信办按照资质

[①] 国务院新闻办公室. 信息产业部发布互联网站从事登载新闻业务管理暂行规定 [EB/OL]. 中国政府网, 2000年11月6日. http://www.gov.cn/gongbao/content/2001/content_132314.htm.

[②] 网信办. 互联网新闻信息服务管理规定 [EB/OL]. 国家互联网信息办公室官方网站, 2017年5月2日. http://www.cac.gov.cn/2017-05/02/c_1120902760.htm.

[③] 国务院关于授权国家互联网信息办公室负责互联网信息内容管理工作的通知 [EB/OL]. 中国政府网, 2014年8月28日. http://www.gov.cn/zhengce/content/2014-08/28/content_9056.htm

[④] Carr, DJ, Barnidge, Lee, BG Tsang SJ, Cynics and Skeptics: Evaluating the Credibility of Mainstream and Citizen Journalism [J]. Journalism & Mass Commucation Quarterly, 2014, 91(3): 452-470.

[⑤] 网信办. 互联网新闻信息服务管理规定 [EB/OL]. 国家互联网信息办公室官方网站, 2017年5月2日. http://www.cac.gov.cn/2017-05/02/c_1120902760.htm.

要求审核批准后,核发有效期为三年的《互联网新闻信息服务许可证》,三年后将要重新提交上述资质要求。

三、维界:网络新闻边界的重塑

可以预见的是,新规在实际操作中会存在着一些失范漏洞。由于以往新闻网站的编辑没有采访权,一般通过采编其他新闻信息来源的内容进行内容编辑。有些编辑出于博眼球、增加流量的考虑,往往会改动原文的标题,让标题更具话题性和煽动性。更有部分编辑没有遵守职业操守,绕过原创新闻作品的版权问题,不标注信息来源和原作者信息。新规的第十五条详细指出"注明新闻信息来源、原作者、原标题、编辑真实姓名等,不得歪曲、篡改标题原意和新闻信息内容,并保证新闻信息来源可追溯"。[①]新华字典中"篡改"的基本解释是用作伪的手段对经典、理论、政策等进行改动或曲解。那么重新编辑标题但不"歪曲、篡改标题原意"是否涉及违规?这也是新规在操作中会遇到的一个盲点。

旧规中关于"时事新闻"的定义,主要包括两部分:有关社会公共事务和社会突发事件的报道、评论。新规中和旧规中的定义一致,但将这两部分统称为时政类新闻信息。新规中第三章第十五条规定转载新闻"应当遵守著作权相关法律法规的规定,保护著作人的合法权益"[②];而《中华人民共和国著作权法》第五条第二款规定"本法不适用时事新闻"。[③]《著作权法》规定时事新闻不受保护的原因在于,客观存在的事实并不是"作品",不能受到著作权法的保护。对客观事实进行独

---

①网信办. 互联网新闻信息服务管理规定[EB/OL]. 国家互联网信息办公室官方网站,2017年5月2日. http://www.cac.gov.cn/201705/02/c_1120902760.htm.
②同上。
③中华人民共和国著作权法[EB/OL]. 中国政府网,2020年11月11日. http://www.gov.cn/guoqing/2021-10/29/content_5647633.htm.

创性的表达，如新闻事件分析、新闻评论等则受到著作权法的保护。倘若著作权法保护客观事实本身，则会妨碍他人对其进行创作，与著作权法鼓励作品创作的立法目的相悖。《伯尔尼公约》[①]第二条第八款"本公约所提供的保护不得适用于日常新闻或纯属报刊消息性质的社会新闻。"[②]研究《伯尔尼公约》公认的权威学术著作《国际版权和邻接权：<伯尔尼公约>及对其的超越》也指出：《伯尔尼公约》第2条第8款仅意味着构成新闻的事实不受保护，而不是将包含了事实但构成文字作品的文章或报导排除在外。[③]不同法律法规之间的不自洽，司法解释的不确定将会使得维权难度加大。

章小结：

网络新闻业务，其诞生之初，是传统新闻业务的一种延伸，但是，经过近十年的发展，它在不断吸取传统新闻业务养分的同时，也在逐渐形成自己的崭新面貌。主题式、链接式的新闻专题，技术影响了内容的呈现形式，实时互动的信息更新，契合用户需求的高效信息分发，结合图、文、音频、视频等多种媒介形式的呈现方式……同时，也加速了用户使用习惯的变化，移动终端让用户在碎片化时间里接受信息成为可能。

我国新闻业正在经历着媒介融合带来的多维度变革，对整个媒体的

[①]《保护文学和艺术作品伯尔尼公约》，简称《伯尔尼公约》，是关于著作权保护的国际条约，1886年9月9日制定于瑞士伯尔尼。目前该公约缔约方总数达到174个国家，1992年10月15日中国成为该公约成员国。我国第一部正式的保护著作权的法律《著作权法》符合《伯尔尼公约》的原则。

[②]保护文学艺术作品伯尔尼公约 [EB/OL]. 法律图书馆网，http://www.law-lib.com/law/law_view.asp?id=98034.

[③]王迁. 论《著作权法》中"时事新闻"的含义 [J]. 中国版权，2014（1）：18-21.

新闻业务发展产生了全面影响。新闻既有文化属性又有商品属性，前者是建立在对社会公众利益的服务之上，后者是建立在对经济利益的追求之上。新兴新闻实践使得分工变得复杂化，导致在网络新闻实践中建立新闻权威充满了内在矛盾。但市场化程度较高的网络媒体在强大的商业逻辑下，其公共品和商品之间的天平难于保持平衡。互联网带来了新闻与信息、谣言和真相、广告与新闻内容等方面界限的模糊。在这样的阶段，曾经的规范失效或者被虚置，新的规范却尚未建立，人们往往感到无所适从，有强烈的焦虑。特定的新闻传播环境产生特定的新闻职业伦理的产生与发展路径。在很长一段时间内，媒体转型都是谈到中国媒体发展所必谈的话题，对媒体融合进行研究，无疑是对于新闻职业伦理转型开展研究的前提条件。新闻伦理规范是一种理想追求，是一种现实困境，更是一种必然选择。网络新闻的本质并没有随着实践形式的变迁而改变，许多基本的原则仍在发挥着重要的作用。什么是要尊重与坚守的传统，哪些是要与时俱进的更替？这些问题仍在不断变动，作者在今后的研究中将会继续关注这个话题。

参考文献

著作

1. [法]埃米尔·涂尔干.自杀论[M].钟旭辉,等,译.杭州:浙江人民出版社,1988.

2. [美]埃德加·博登海默.法理学——法律哲学与方法[M].张智仁,译.上海:上海人民出版社.1992.

3. [日]植草益.微观规制经济学[M].朱绍文,译.北京:中国发展出版社,1992.

4. [美]菲利普·帕特森,李·威尔金斯.媒介伦理学:问题与案例[M].李青藜,译.北京:中国人民大学出版社,2006.

5. [英]丹尼斯·麦奎尔.受众分析[M].刘燕南等,译.北京:中国人民大学出版社,2006.

6. [美]罗伯特·K.默顿.社会理论和社会结构[M].唐少杰,译.南京:译林出版社,2008.

7. [美]克利福德·G.克里斯琴斯,马克·法克勒,凯西·布里坦·理查森,佩吉·J.克里谢尔,小罗伯特·H.伍兹.媒介伦理:案例与道德推理(第九版)[M].孙有中,郭石磊,范雪竹,译.北京:中国人民大学出版社,2014.

8. [美]保罗·莱文森.新新媒介(第二版)[M].何道宽,译.上海:

复旦大学出版社，2014.

9. [法] 埃米尔·涂尔干. 职业伦理与公民道德 [M]. 渠敬东，译. 北京：商务印书馆，2015.

10. [美] 安德鲁·阿伯特. 职业系统：论专业技能的劳动分工 [M]. 李荣山，译. 刘思达，校. 北京：商务印书馆，2016.

11. 渠敬东. 缺席与断裂：有关失范的社会学研究 [M]. 上海：上海人民出版社，1999.

12. 李瞻. 新闻道德 [M]. 台北：三民书局，1988.

13. 张维迎. 博弈论与信息经济学 [M]. 上海：上海人民出版社，1996.

14. 李猛. 常人方法学. 载当代西方社会学理论 [M]. 北京：北京大学出版社，1999.

15. 王军. 新闻工作者与法律 [M]. 北京：中国广播电视出版社，2001.

16. 雷跃捷，辛欣. 网络新闻传播概论 [M]. 北京：北京广播学院出版社，2001.

17. 倪愫襄. 伦理学导论 [M]. 武汉：武汉大学出版社，2002.

18. 魏永征. 新闻传播法教程 [M]. 北京：中国人民大学出版社，2002.

19. 高兆明. 社会失范论 [M]. 南京：江苏人民出版社，2002.

20. 朱力. 变迁之痛：转型期的社会失范研究 [M]. 北京：社会科学文献出版社，2006.

21. 章志光. 心理学 [M]. 北京：人民教育出版社，2002.

22. 刘建明. 新闻学前沿 [M]. 北京：清华大学出版社，2005.

23. 郑保卫. 新闻长思录：新闻学基础理论研究 [M]. 北京：人民出版社，2005.

24. 郑根成. 媒介载道：传媒伦理研究 [M]. 北京：中央编译出版社，2009.

25. 吴思. 潜规则：中国历史中的真实游戏 [M]. 上海：复旦大学出

版社，2009.

26. 陈力丹，王辰瑶，季为民．艰难的新闻自律——我国新闻职业规范的田野观察/深度访谈/理论分析[M]．北京：人民日报出版社，2010.

27. 郭庆光．传播学教程[M]．北京：中国人民大学出版社，2011.

28. 黄瑚．新闻传播伦理与法规使用教程[M]．北京：高等教育出版社，2011.

29. 刘海贵．中国新闻采访写作学[M]．上海：复旦大学出版社，2011.

30. 刘海龙．新闻的十大基本原则：新闻从业者须知和公众的期待[M]．北京：北京大学出版社，2011.

31. 刘思达．割据的逻辑：中国法律服务市场的生态分析[M]．上海：上海三联书店，2011.

32. 陈力丹，周俊，陈俊妮，刘宁洁．中国新闻职业规范蓝本[M]．北京：人民日报出版社，2012.

33. 邵鹏．媒介融合语境下的新闻生产[M]．杭州：浙江工商大学出版社，2013.

34. 谢识予．经济博弈论[M]．上海：复旦大学出版社，2013.

35. 周俊．新闻失范论[M]．北京：人民日报出版社，2014.

36. 牛静．新闻传播伦理与法规：理论及案例评析[M]．上海：复旦大学出版社，2015.

37. 徐轶瑛．规制变革——中国媒介融合发展的路径选择研究[M]．北京：首都经济贸易大学出版社，2015.

38.《媒体人新闻业务守则》编写组．媒体人新闻业务守则[M]．北京：中国政法大学出版社，2015.

39. 王金礼．新闻德性论：原则框架[M]．北京：北京大学出版社，2016.

40. 牛静．全球媒体伦理规范译评[M]．北京：社会科学文献出版社，2018.

41. John Herbert McManus. Market-Driven Journalism: Let the Citizen Beware? [M]. Thousand Oaks, CA: Sage Publications. 1994.

42. Carlson M. Lewis S.C. Boundaries of Journalism: Professionalism, Practices and Participation [M]. New York, NY: Routledge. 2015.

期刊论文

1. Jian-Hua Zhu. Issue Competition and Attention Distraction: A Zero-Sum Theory of Agenda-Setting [J]. Journalism & Mass Communication Quarterly. 1992, 69（4）: 825-836.

2. Maxwell Mccombs, Jian-Hua Zhu. Capacity, Diversity and Volatility of the Public Agenda: Trends from 1954 to 1994 [J]. Public Opinion Quarterly, 1995, 59（4）: 495-525.

3. Carr, DJ, Barnidge, Lee, BG Tsang SJ, Cynics and Skeptics: Evaluating the Credibility of Mainstream and Citizen Journalism [J]. Journalism & Mass Commucation Quarterly, 2014, 91（3）: 452-470.

4. Barbie Zelizer. Terms of Choice: Uncertainty, Journalism and Crisis [J]. Journal of Communication, 2015, 65(5): 888-908.

5. 张雄. 社会转型范畴的哲学思考 [J]. 学术界, 1993（5）: 34-38.

6. 喻国明. 职业道德意识及对职业道德现状的估价——中国新闻工作者职业意识与职业道德抽样调查报告(之二)[J]. 青年记者, 1998(03): 4-5.

7. 李培林. 另一只看不见的手: 社会结构转型 [J]. 中国社会科学, 1992（5）: 3-17.

8. 渠敬东. 涂尔干的遗产——现代社会及其可能性 [J]. 社会学研究.1999（1）: 29-48.

9. 赵启正. 愿中国互联网新闻中心成为一个强大的网站 [J]. 对外大传播, 2000（12）: 刊首页.

10. 阎红. 新闻职业道德评价体系亟待完善——兼谈《中国新闻工作者职业道德准则》的操作性问题 [J]. 记者摇篮, 2002（5）: 22-34.

11. 陆晔，俞卫东．社会转型过程中新闻生产的影响因素——2002上海新闻从业者调查报告之三[J]．新闻记者，2003（3）：64-67．

12. 黄旦．新闻专业主义的建构与消解——对西方大众传播者研究历史的解读[J]．新闻与传播研究，2002（2）：2-9+94．

13. 课题组．主流媒体如何增强舆论引导有效性和影响力之一：主流媒体判断标准和基本评价[J]．中国记者，2004（5）：2．

14. 潘忠党．新闻与传播之别——解读凯里《新闻教育错在哪里》[J]．国际新闻界，2006（4）：12-16．

15. 李鹏涛．改革开放以来我国媒介伦理的研究及其反思[J]．伦理学研究，2007（5）：82-88．

16. 丁伯铨，陈月飞．对新闻伦理问题的几点探究[J]．新闻传播，2008（10）：4-9．

17. 字秀春．目前我国的互联网新闻缺什么——寻找互联网新闻编辑新的突破口[J]．中国编辑，2008（2）：51-54．

18. 陈光，杨纯．浅议传媒伦理研究中几个相关概念的关系[J]．新闻知识，2009（9）：57-59．

19. 杨雨丹．新闻惯习的产生与生产——惯习视角下的新闻生产[J]．国际新闻界，2009（11）：51-54．

20. 张华．"后真相"时代的中国新闻业[J]．新闻大学，2017（3）：28-33+61+147．

21. 陈力丹．报纸印刷版停刊不等于"报业消亡"[J]．新闻与写作，2009（1）：29-30．

22. 程葳，龙志祎．面向互联网新闻的在线话题检测算法[J]．计算机工程，2009（18）：28-30．

23. 潘祥辉．论中国媒介转型中的"潜规则"及其制度根源[J]．现代传播，2010（3）：8-13．

24. 陈力丹，蒲媛．重塑报格的前提：编辑部与经营部分离[J]．青年记者，2010（4）：19．

25. 刘必华．论新闻职业道德规范的有效性——从《中国新闻工作者职业道德准则》的新修订谈起 [J]. 当代传播, 2010 (2): 45-46.

26. 郑保卫, 刘艳婧. 与时俱进 加强规范 服务实践——对《中国新闻工作者职业道德准则》修订稿的评析 [J]. 新闻记者, 2010(01): 12-17.

27. 张洪超, 王佳. 一份指导新闻职业道德建设的纲领性文件——对 2009 年版《中国新闻工作者职业道德准则》的解读 [J]. 新闻记者, 2010(01): 8-12.

28. 姚占雷, 许鑫. 互联网新闻报道中的突发事件识别研究 [J]. 现代图书情报技术, 2011 (4): 52-57.

29. 熊壮, 贺碧霄. 失范视角下的社会转型时期新闻人员的职业规范 [J]. 新闻记者, 2012 (10): 71-77.

30. 郜书锴. 媒介融合视域下新闻学研究的 8 个新议题——基于国外新闻学研究者的文献综述 [J]. 新闻记者, 2012 (7): 20-24.

31. 靖鸣, 王瑞. 网络谣言传播的技术根源、类型以及相应对策 [J]. 新闻与写作, 2012 (5): 16-19.

32. 王辰瑶, 金亮. 网络新闻 "标题党" 的现状与叙述策略——对 8 家网站新闻排行榜的定量分析 [J]. 新闻记者, 2013 (2): 65-71.

33. 周俊, 毛湛文. 规范的失范: 基于历年《中国新闻工作者职业道德准则》的实证研究 [J]. 国际新闻界, 2013, 35(10): 152-166.

34. 刘燕南. 麦奎尔学术背景探源: 评丹尼斯·麦奎尔《受众分析》[J]. 国际新闻界, 2013 (1): 143-151.

35. 白红义. 塑造新闻权威: 互联网时代中国新闻职业再审视 [J]. 新闻与传播研究, 2013 (1): 26-36+126.

36. 吴飞. 新媒体革了新闻专业主义的命? ——公民新闻运动与专业新闻人的责任 [J]. 新闻记者, 2013 (3): 11-19.

37. 陈绚. 论如何建立中国新闻伦理规范体系 [J]. 山西大学学报 (哲学社会科学版), 2014 (11): 63-71.

38. 谭天, 王俊. 新闻不死, 新闻业会死去 [J]. 新闻爱好者, 2014 (12): 18-20.

39. 张志强, 俞明轩. 贴现率与资本成本: 如何确定贴现率 [J]. 财经问题研究, 2014 (12): 11-17.

40. 喻国明. 镶嵌、创意、内容移动: 互联广告的三个关键词——以原生广告的操作路线为例 [J]. 新闻与写作, 2014 (3): 48-52.

41. 张志安, 刘虹岑. 不要瞧不起互联网新闻的短平快——专访搜狐新闻总监助理王晨 [J]. 新闻界, 2014 (6): 2-12.

42. 严三九, 刘峰. 试论新媒体时代的传媒伦理失范现象、原因和对策 [J]. 新闻记者, 2014 (3): 25-29.

43. 张文祥, 周妍. 对20年来我国互联网新闻信息管理制度的考察 [J]. 新闻记者, 2014 (4): 37-46.

44. 胡华涛. 中西新闻伦理推论模式的对比研究: 从"斯诺登事件"的伦理纷争说起 [J]. 国际新闻界, 2014 (2): 150-163.

45. 王迁. 论《著作权法》中"时事新闻"的含义 [J]. 中国版权, 2014 (1): 18-21.

46. 任孟山. 媒体人加速离职与新闻专业主义隐忧 [J]. 青年记者, 2015 (4): 18-19.

47. 杨伯溆. 媒介融合与国家介入的意义——以新媒介平台新浪微博为例 [J]. 当代传播, 2015 (5): 54-58.

48. 牛静. 建构全球媒体伦理: 可实现的愿景抑或乌托邦? [J]. 国际新闻界, 2015 (7): 134-146.

49. 黄楚新, 王丹. 逆转新闻的成因及应对策略——从媒介素养的视角分析 [J]. 新闻与写作, 2015 (10): 25-28.

50. 魏传强. 内部创业, 孵化还是放羊 [J]. 青年记者, 2015(19): 18-19.

51. 常江, 杨奇光. 断、舍、离: 聚焦传统媒体人的"离职潮" [J]. 新闻界, 2015 (20): 14.

52. 潘祥辉. "我们错了": 中国式媒介更正与致歉的政治社会学考察 [J]. 传播与社会学刊 (香港), 2015 (33): 49-83.

53. 年度传媒伦理研究课题组. 2015年十大传媒伦理问题研究报告

[J].新闻记者,2016(2):5-15.

54. 丁方舟.创新、仪式、退却与反抗——中国新闻从业者的职业流动类型研究[J].新闻记者,2016(4):27-33.

55. 武志勇,赵蓓红.二十年来的中国互联网新闻政策变迁[J].现代传播(中国传媒大学学报),2016(2):134-139.

56. 冯韶丹.反转新闻背后的新闻失范困境研究[J].新闻与写作,2016(12):98-100.

57. 陈晨.浅谈新闻"反转剧"中的媒体失范[J].新闻研究导刊,2016(8):78.

58. 陈敏,张晓纯.告别"黄金时代"——对52位传统媒体人离职告白的内容分析[J].新闻记者,2016(2):16-28.

59. 李艳红,陈鹏."商业主义"统合与"专业主义"离场:数字化背景下中国新闻业转型的话语形构及其构成作用[J].国际新闻界,2016(9):135-153.

60. 陈力丹,钱童,魏雨珂.新《广告法》实施后"广告新闻"现象分析[J].新闻界,2016(2):9-13.

61. 陈力丹,李唯嘉,万紫千.原生广告及对传统广告的挑战[J].新闻记者,2016(12):77-83.

62. 周俊,刘晓阳,徐仲超,梁鑫.记者寻租的博弈论分析[J].国际新闻界.2017(3):114-127.

63. 王四新.许可与自由:《互联网新闻信息服务管理规定》核心概念解读[J].现代传播(中国传媒大学学报),2017(9):130-135.

64. 姜红,鲁曼.重塑"媒介":行动者网络中的新闻"算法"[J].新闻记者,2017(4):26-32.

65. 匡文波.依法治理假新闻的关键一招——谈2017年版《互联网新闻信息服务管理规定》[J].中国记者,2017(6):5.

66. 上官腾飞,牛忠江.行政约谈,谈什么,怎么谈[J].人民论坛,2017(4)中:46-47.

67. 林忠礼.网信新规:给新闻网站固本清源、壮骨提气、标杆立

尺 [J]. 中国记者, 2017（6）: 9-10.

68. 张先国. 机遇变现, 挑战犹存: 互联网管理新规对新闻网站的影响分析 [J]. 中国记者, 2017（6）: 11-13.

69. 徐世平. 新闻传播秩序得以维护 主流媒体面临发展机遇——解读《互联网新闻信息服务许可管理实施细则》[J]. 中国记者, 2017（6）: 13-16.

70. 徐蓉. 牢牢把握正确舆论导向 旗帜鲜明彰显网络主权——对互联网管理新规的把握与理解 [J]. 中国记者, 2017（6）: 17-19.

71. 廖声武, 谈海亮. 网络环境下新闻作品版权利益平衡 [J]. 新闻前哨, 2017（7）: 8-12.

72. 刘乐, 陈全义: 全媒体时代如何打造风清气正的网络空间 [J]. 青年记者, 2017（6）下: 85-86.

73. 周俊, 刘晓阳, 徐仲超, 梁鑫. 记者寻租的博弈论分析 [J]. 国际新闻界, 2017（3）: 114-127.

74. 牛静, 刘丹. 全球媒体伦理规范的共通准则和区域性准则——基于134篇媒体伦理规范文本的分析 [J]. 新闻记者, 2017（10）: 4-15.

75. 彭增军. 从把关人到公民新闻: 媒介伦理的社会化 [J]. 新闻记者, 2017（4）: 51-55.

76. 陆晔, 潘忠党. 成名的想象: 中国社会转型过程中新闻从业者的专业主义话语建构 [J]. 新闻学研究（台北）, 2022（71）: 17-59.

77. 曹林. 扩张、驱逐与维权: 媒体转型冲突中的三种博弈策略——以兽爷、咪蒙、呦呦鹿鸣争议事件为例 [J]. 新闻大学, 2019（06）: 19-31+121-122.

78. 陈辉, 李钢, 李威. 主流媒体的网络舆论发声与引导策略研究 [J]. 现代传播（中国传媒大学学报）, 2017, 39(07): 7-9+60.

79. 牛静. 世界主义、民族主义与全球媒介伦理的建构 [J]. 新闻与传播研究, 2016, 23（02）: 29-40+126.

80. 年度传媒伦理研究课题组, 刘鹏, 王侠, 简丹丹. 2021年传媒伦理研究报告——暨2021年虚假新闻研究报告 [J]. 新闻记者, 2022,

No.467(01)：3-18

报纸文章

1. 在每一个明天再见 [N] . 九江晨报，2015 年 12 月 31 日 .

2. 换个角度 无限可能 [N] . 都市周报，2015 年 12 月 31 日 .

3. 致读者 [N]. 今日早报，2015 年 12 月 31 日 .

4. 换个角度 无限可能 [N] . 都市周报，2015 年 12 月 31 日 .

5. 有骨气 人非凡 [N] . 生活新报，2015 年 5 月 15 日 .

6. 李学孟 . 媒体融合需重建新闻职业伦理 [N] . 光明日报，2016 年 1 月 9 日 .

7. 杨丽娟，王舒怀 . 微博客未走，轻博客又到 [N]. 人民日报，2011 年 6 月 14 日 .

8. 贺勇 . 呼和浩特铁路局微博"出行微攻略"让您不再"囧途"[N]. 人民日报，2013 年 2 月 7 日 .

9. 许晴 . 互联网少些噱头多些看头 [N]. 人民日报，2018 年 2 月 22 日 .

电子文献

1. DROID RAZR MAXX HD By Motorola Brand Publisher. 9 Things That Have Changed In The Last 20 Years：Where did all the time go? [EB/OL].March 5，2013. https：//www.buzzfeed.com/motorola/20-things-that-have-changed-in-the-last-20-years?b=1&utm_term=.poeVEbkYjq#.srWG6q2Wkw.

2. Joe Pompeo. 'Wall Street Journal' editor Gerard Baker decries native advertising as a 'Faustian pact' [EB/OL]. November25，2013. https：//www.politico.com/media/story/2013/09/wall-street-journal-editor-gerard-baker-decries-native-advertising-as-a-faustian-pact-001773

3.Interactive Advertising Bureau. The Native Advertising Playbook [EB/OL]. Dec.4，2013. https://www.iab.com/wp-content/uploads/2015/06/IAB-Native-Advertising-Playbook2.pdf.

4. Katerina Eva Matsa，Kristine Lu. 10 facts about the changing digital news landscape [EB/OL]. Pew Research Center. http：//www.pewresearch.org/fact-tank/2016/09/14/facts-about-the-changing-digital-news-landscape/. September 14，2016.

5. Kristen Bialik，Katerina Eva Matsa. Key trends in social and digital news media [EB/OL]. Pew Research Center. http：//www.pewresearch.org/fact-tank/2017/10/04/key-trends-in-social-and-digital-news-media/. October 4，2017.

6.Jeff Beer. A New Study Says Native Advertising Spend In U.S. To Reach \$22 Billion This Year[EB/OL].March 21，2017. https：//www.fastcompany.com/3069121/a-new-study-says-native-advertising-spend-in-us-to-reach-22-billion-this-year

7. Christine Schmidt. Asking members to support its journalism (no prizes，no swag)，The Guardian raises more reader revenue than ad dollars[EB/OL]. Niemanlab. Nov. 17，2017，http：//www.niemanlab.org/2017/11/asking-members-to-support-its-journalism-no-prizes-no-swag-the-guardian-raises-more-reader-revenue-than-ad-dollars/.

8. 邱敏，杜安娜. 新京报诉浙江在线网站侵权索赔200万[EB/OL]. 新浪网，2009年7月17日. http：//news.sina.com.cn/c/2009-07-17/041618238307.shtml.

9. 国家互联网信息办公室设立[EB/OL]. 国务院新闻办公室网站，2011年5月4日. http：//www.scio.gov.cn/zhzc/8/5/Document/1335496/1335496.htm.

10. 唐岩. 网易「有态度的新闻」是谁提出来的？为什么？[EB/OL]. 知乎，2011年12月19日. https：//www.zhihu.com/question/19656740.

11. 吴冠军. 重要的是重建媒体价值 [EB/OL]. 观察者网, 2012 年 2 月 10 日. http：//www.guancha.cn/indexnews/2012_01_10_64109.shtml.

12. 刘培峰. 对新媒体管控不能过度 [EB/OL]. 搜狐传媒, 2013 年 12 月 4 日. http：//media.sohu.com/20131204/n391272081.shtml.

13. 峰子.【网易招聘】网易新闻客户端招募"轻松一刻"小编啦 [EB/OL]. 豆瓣网, 2013 年 07 月 28 日. https：//www.douban.com/group/topic/41891084/.

14. 高宏利.【一个十年媒体人的转型自白】东莞时报原编委高宏利：我为什么辞去报社编委后又辞去企业媒体总监 [EB/OL]. 微信公众号"刘刚在路上", 2014 年 9 月 20 日. https：//wx.paigu.com/a/352644/17340893.html.

15. 马婧. 十年后我终于离开了纸媒 | 转型 [EB/OL]. 微信公众号"刺猬公社", 2014 年 12 月 27 日. https：//mp.weixin.qq.com/s?src=3&timestamp=1512326263&ver=1&signature=KRAI6UE*DkL04OtNbpEhre5q8wp2LEEb2MZ9wY-EZbcB0IRUBNJM9JvP0UYBUOVdstFrlgu3c*zTewrjJho60U-Ymrd083Kx58xgUnocwhTe1jZlLVJbkBXrTtSKmawT-8A-Y4a7qkVHoCBMF3S7CA==.

16. 战瑞琬. 且慢欢呼, 1 亿美元够不够"今日头条"买版权？[EB/OL]. 深蓝财经, 2014 年 6 月 4 日. http://www.mycaijing.com.cn/news/2014/06/04/6339.html.

17. 张鹏, 张一鸣. 面对版权纠纷 看今日头条张一鸣怎么说 [EB/OL]. 创业邦, http://www.cyzone.cn/a/20140613/259054.html.

18. 田淑娟. 张一鸣回应版权纠纷 要和媒体做朋友 [EB/OL]. 财新网, 2014 年 6 月 4 日. http://companies.caixin.com/2014-06-11/100689194.html.

19. 夏胜为. 安徽省净化网络环境 今年关闭违法网站逾 120 家 [EB/OL]. 国家互联网信息办公室官方网站, 2014 年 4 月 3 日. http：//www.cac.gov.cn/2014-04/03/c_126352451.htm.

20. 胡赳赳. 我为什么离开《新周刊》[EB/OL]. 搜狐文化, 2015 年 9 月 23 日. http：//cul.sohu.com/20150923/n421927504.shtml.

21. 武卿．告别《焦点访谈》我创业了，临了有些真话想说 [EB/OL]．微信公众号"卿谈"，https：//mp.weixin.qq.com/s?__biz=MzAxOTAyNTIwNA==&mid=208320377&idx=1&sn=68127c0c105c2611134a2a0d5c789d81&scene=2&srcid=0911UnhG2D7DyWvYEkBp5x9D&from=timeline&isappinstalled=0#rd. 2015 年 9 月 11 日．

22. 张耀升．江雪："雪访"，期待更自由的表达 [EB/OL]．搜狐传媒，2015 年 7 月 17 日．http：//media.sohu.com/20150717/n417004795.shtml.

23. 胡舒立．2014 世界互联网大会"新媒体新生态"分论坛演讲实录：新媒体与防火墙 [EB/OL]．阿里云，2015 年 3 月 6 日．https：//www.aliyun.com/zixun/content/2_6_1635605.html.

24. 陶小路．媒体编辑不应该在社交平台上自称"小编"？[EB/OL]．新闻实验室微信公众号，2016 年 11 月 24 日．http：//mp.weixin.qq.com/s/8cM-8xkpPGp4YGNrIPTNCg.

25. 曹曦晴，南婷．引领主流舆论的路径探索——以抗洪沙画《不忘初心 砥柱中流》为例 [EB/OL]．国家互联网信息办公室网站，2016 年 12 月 23 日．http://www.cac.gov.cn/2016-12/23/c_1120178116.htm.

26. 陈宇曦．浙报传媒甩包袱 作价近 20 亿出售浙江日报等 21 家新闻传媒类资产 [EB/OL]．腾讯科技，2017-02-25.https：//tech.qq.com/a/20170225/023416.htm.

27. 羽生．人民网一评算法推荐：不能让算法决定内容 [EB/OL]．人民网，2017 年 9 月 18 日．http：//opinion.people.com.cn/n1/2017/0918/c1003-29540709.html.

28. 羽生．人民网二评算法推荐：别被算法困在"信息茧房" [EB/OL]．人民网，2017 年 9 月 19 日．http：//opinion.people.com.cn/n1/2017/0919/c1003-29544724.html.

29. 羽生．人民网三评算法推荐：警惕算法走向创新的反面 [EB/OL]．人民网，2017 年 9 月 20 日．http：//opinion.people.com.cn/n1/2017/0920/c1003-29545718.html.

30. 宋毅．美国十大新兴新闻岗位，趋势！[EB/OL]．微信公众号"传媒内参"，2017年7月1日．https：//mp.weixin.qq.com/s?src=11&timestamp=1512321222&ver=552&signature=5t7BE1DN2v36Cf5ZVu0xIVnAUYxAfqskcUTd9i8a7pC7jchWLbElUDpfqBR*6kCnKywdXda2gDKChmupWc91YA*BBLoIACTWp3tHKy4uZYhPxjhQFfXxoF2Z7iWWSLrd&new=1．

31. 微博管理员．共同监督 净化微博[EB/OL]．新浪微博，2017年9月27日．https：//weibo.com/1934183965/FnJrheN．

32. 微信公众平台辟谣中心．辟谣数据[EB/OL]．微信公众平台，https：//mp.weixin.qq.com/mp/opshowpage?action=newoplaw．

33. 微信团队．微信公众平台运营规范[EB/OL]．微信公众平台，https：//mp.weixin.qq.com/cgi-bin/readtemplate?t=business/faq_operation_tmpl&type=info&lang=zh_CN．

34. 腾讯公司．微信公众平台服务协议[EB/OL]．微信公众平台，https：//mp.weixin.qq.com/cgi-bin/readtemplate?t=home/agreement_tmpl&type=info&lang=zh_CN．

35. 李星伫．《传媒》观察第14期：记者"车马费"的前世今生[EB/OL]．新浪网传媒频道，http：//news.sina.com.cn/z/jzcmf/．

36. 新媒体研究院．新媒体研究院发布《移动互联网时代下，Z世代人群获取新闻资讯习惯研究报告》[EB/OL]．中国传媒大学白杨网，2020年12月28日．http：//www.cuc.edu.cn/2020/1225/c1761a177430/page.htm．

37. BEIJING2022冬奥会一起向未来[EB/OL]．光明网，2022年4月6日．https：//topics.gmw.cn/node_143626.htm．

38. 中国记协国内部行业自律处．中国记协媒体社会责任报告工作有声有色[EB/OL]．中国记协网．2021年12月10日．http://www.zgjx.cn/2021-12/10/c_1310364617.htm．

39. 传统媒体内部创业：转型双刃剑还是毒药？[EB/OL] MBAChina网，2015年6月26日．https：//www.mbachina.com/html/mbachina/201806/

86407.html.

网站

1. 国家新闻出版广电总局 http：//www.gapp.gov.cn/
2. 国务院新闻办公室 http：//www.scio.gov.cn/
3. 国家互联网信息办公室 www.cac.gov.cn
4. 中国记协网 http：//www.zgjx.cn/
5. 全国新闻出版统计网 www.ppsc.gov.cn
6. 科印网 www.keyin.cn
7. 百度指数 http：//index.baidu.com/